城市轨道交通操作岗位系列培训教材

城市轨道交通火灾自动报警系统检修工

主　编　杨　辉
副主编　赵　晗　郭瑞丽
主　审　王顺利

人民交通出版社股份有限公司
China Communications Press Co.,Ltd.

内 容 提 要

本书为城市轨道交通操作岗位培训教材,根据城市轨道交通火灾自动报警系统检修岗位要求,同时结合校企联合定向委托培养需要编写而成。本书包括基础知识篇和实务篇,系统介绍了火灾自动报警系统、消防知识、火灾自动报警系统设备等系统和技术的基础知识,同时介绍了火灾自动报警系统设备的维护、故障处理、维修工具使用以及实操平台搭建等,并结合典型故障案例进行分析。

本书在编写上力求通俗易懂,强调应用,注意讲述物理概念和进行直观的图形分析。为了便于读者理解和复习,每章前均附有岗位应知应会模块,以供学习时参考。

本书可作为城市轨道交通相关技术人员的培训教材,也可作为职业院校城市轨道交通相关专业的教材。

图书在版编目(CIP)数据

城市轨道交通火灾自动报警系统检修工 / 杨辉主编.
—北京:人民交通出版社股份有限公司,2017.4
城市轨道交通操作岗位系列培训教材
ISBN 978-7-114-13470-8

Ⅰ. ①城… Ⅱ. ①杨… Ⅲ. ①城市铁路—轨道交通—火灾自动报警—自动报警系统—检修—岗位培训—教材
Ⅳ. ①U239.5

中国版本图书馆CIP数据核字(2016)第277297号

城市轨道交通操作岗位系列培训教材
书　名:城市轨道交通火灾自动报警系统检修工
著 作 者:杨　辉
责任编辑:吴燕伶　周　凯
出版发行:人民交通出版社股份有限公司
地　址:(100011)北京市朝阳区安定门外外馆斜街3号
网　址:http://www.ccpress.com.cn
销售电话:(010)59757973
总 经 销:人民交通出版社股份有限公司发行部
经　销:各地新华书店
印　刷:北京市密东印刷有限公司
开　本:787×1092　1/16
印　张:10.75
插　页:2
字　数:222千
版　次:2017年4月　第1版
印　次:2018年8月　第2次印刷
书　号:ISBN 978-7-114-13470-8
定　价:29.00元

(有印刷、装订质量问题的图书由本公司负责调换)

PREFACE 序

著述成书有三境：一曰立言传世,使命使然；二曰命运多舛,才情使然；三曰追名逐利,私欲使然。予携众编写此系列丛书,一不求"立言"传不朽,二不恣意弄才情,三不沽名钓私誉。唯一所求,以利工作。

郑州发展轨道交通八年有余,开通运营两条线46.6公里,各系统、设施设备运行均优于国家标准,服务优质,社会口碑良好。有此成效,技术、设备等外部客观条件固然重要,但是最核心、最关键的仍是人这一生产要素。然而,从全国轨道交通发展形势来看,未来五年人才"瓶颈"日益凸显。目前,全国已有44个城市轨道交通建设规划获得批复,规划总里程7000多公里,这比先前50年的发展总和还多。"十三五"期间,城市轨道交通发展将处于飞跃发展时期,相关专业技术人才将面临"断崖"处境。社会人才储备、专业院校输出将无法满足几何级增长的轨道交通行业发展需求。

至2020年末,郑州市轨道交通要运营10条以上线路,总里程突破300公里,人才需求规模达16000人之多。环视国内其他城市同期建设力度,不出此左右。振奋之余更是紧迫,紧迫之中夹杂些许担心。思忖良久,唯立足自身,"引智"和"造才"双管齐下,方可破解人才困局,得轨道交通发展始终,以出行之便、生活之利飨商都社会各界,助力国家中心城市和国际商都建设。

郑州市轨道交通通过校园招聘和订单班组建,自我培养各类专业技术人员逾3000人。订单班组建五年来,以高职高专院校的理论教学为辅,以参与轨道交通设计、建设和各专业各系统设备生产供应单位的专家实践教学为主,通过不断创新、总结、归纳,逐渐形成了成熟的培养体系和教学内容,所培养学生大都已成为郑州市轨道交通运营一线骨干力量。公司以生产实践经验为依托,充分发挥有关合作院校的师资力量,同时在设备制造商、安装商和设施设备维修维保商的技术支持下,编写了本套城市轨道交通操作岗位系列培训教材,希望以此建立起一套符合郑州市轨道交通运营实际且符合轨道交通行业发展水平的教材体系,为河南乃至全国轨道交通人才培养略尽绵薄之力。

教材编写过程中,得到了西南交通大学、大连交通大学、石家庄铁道大学、上海地铁维护保障有限公司、郑州铁路职业技术学院以及人民交通出版社股份有限公司的大力支持,在此一并表示感谢。

以羽扣钟,既有总结之意,也有求证之心,还请业内人士不吝赐教。

是为序。

张 洲

2016年10月21日

FOREWORD 前言

随着社会的发展，城市化建设进程越来越快，现代城市交通问题成为各大城市重大难题，在寻求解决这一难题办法的过程中，人们的目光逐渐聚焦在城市轨道交通上。城市轨道交通有助于改善交通困局、节省土地、优化城市区域布局、促进国民经济发展，并改善市民生活质量等。近年来，城市轨道交通在我国各大城市的发展异常迅猛。

火灾自动报警系统是城市轨道交通的重要组成部分，同时也是消防系统的中枢。该系统及设备状态的好坏直接影响城市轨道交通的消防安全。为满足我国各大城市轨道交通蓬勃发展所带来的对火灾自动报警系统维护人才的需要，特组织编写本书。

本书是按照由理论到实践的思路编写的，主要介绍了火灾自动报警系统的含义、国内外现状及发展趋势、各子系统或设备基础理论知识、各子系统或设备日常和定期维护相关内容和要求以及常见故障处理方法等。

本书为城市轨道交通火灾自动报警系统检修岗位培训教材，主要供火灾自动报警系统检修岗位培训使用，也可作为职业院校城市轨道交通相关专业教材。

本书由赵晗负责统稿，杨辉担任主编，赵晗、郭瑞丽担任副主编，王顺利主审。其中武杰编写第一、三章，袁艳玲编写第六、九章，王帅编写第二、四、五、十一章，姚远编写第八、十二章，王瑞宾编写第七、十章。王顺利来自西南交通大学，其余人员来自郑州市轨道交通有限公司。

由于城市轨道交通火灾自动报警系统技术新、发展快，资料收集较为困难，加之编写人员技术水平和实践经验的局限性，错误与不足之处在所难免，敬请广大读者不吝赐教，提出宝贵意见。

本书在编写过程中，得到西南交通大学、大连交通大学、石家庄铁道大学、上海地铁维护保障有限公司、郑州铁路职业技术学院以及人民交通出版社股份有限公司的大力支持，在此表示诚挚的感谢！

编者

2016 年 10 月

INTRODUCTION 学习指导

一、岗位职责

火灾自动报警系统操作岗位工作人员从事城市轨道交通火灾自动报警系统设备安装调试、运行维护、操作检修、故障处理、技术改造等工作。其岗位职责包括安全职责和工作职责。

(一) 安全职责

(1) 对相应的生产工作负直接责任,做好生产第一现场的安全把控工作。
(2) 保证安全生产的各项规章制度贯彻执行。
(3) 组织学习并落实公司的各项安全管理规定和安全操作规程。
(4) 负责所辖范围内特种设备的安全管理工作,确保特种作业、特种设备操作人员持证上岗。
(5) 参加公司组织的各项培训工作,努力提高业务技能水平,增强安全意识。
(6) 定期开展自查工作,落实隐患整改,保证生产设备、安全装备、消防设施、救援器材和急救用具等处于完好状态,并能够正确使用。
(7) 及时反映生产过程中存在的各类问题,及时找到解决问题的途径,确保安全生产,保障人身、设备安全。
(8) 负责火灾自动报警系统设备的巡视、维修维护以及应急抢险工作。

(二) 工作职责

(1) 积极学习安全政策和规章制度,参加各项安全操作规程培训;协助班组做好安全检查和其他各项安全工作。
(2) 对所辖设备房进行日常巡视、值班,做好数据及故障的统计、汇总、上报等工作。
(3) 按计划对设备进行日常维护、检修、保养工作,参与设备缺陷整改、整治。
(4) 处理设备故障,配合设备抢修。

（5）积极参与班组建设，定期参加班组组织的各种会议。

（6）积极参加工班和科室开展的各种培训，不断提高个人业务水平和技术能力。

（7）积极完成上级领导交办的临时性工作任务，做好班组宣传工作，参与党、工、团组织的各项活动。

（8）配合并实施设备的技术改造和工程整改工作。

（9）参与新线介入工作，及时报告工程问题，并配合上级管理部门督促承包商进行整改；参与新线消防验收工作；参与消防第三方检测工作。

二、课程学习方法及重难点

在具有一定变电相关基础知识的条件下，首先要熟悉火灾自动报警系统的组成以及各种不同的设备及其作用，其次需要掌握火灾自动报警系统的各种运行方式，最后要能看懂基本的图纸等。这将为后续介绍的设备维护和故障处理打下一定的理论基础。

本书基础知识篇学习的难点是掌握消防的基础知识原理，各子系统的工作原理、分类、相关规定等；实务篇的学习难点是常见的故障处理和分析。这些内容要通过反复学习、反复实践才能做到完全掌握。

三、岗位晋升路径

根据人员情况，定期对满足职级要求（工作年限、职称、学历、绩效考评）的人员，按照一定比例进行晋级。员工岗位晋升通道划分如下。

（一）技术类职级序列

由低到高依次为：技术员、助理工程师、工程师、主管工程师。

（二）操作类序列

由低到高依次为：初级工、中级工、高级工、技师、高级技师。

CONTENTS 目录

第一篇 基础知识篇

第一章　火灾自动报警系统概述 ············· 2
　　第一节　城市火灾自动报警系统概述 ············· 2
　　第二节　城市轨道交通火灾自动报警系统功能及其实现 ············· 4
　　第三节　城市轨道交通火灾自动报警系统技术的发展
　　　　　　趋势 ············· 6

第二章　消防基础知识 ············· 9
　　第一节　燃烧基础知识 ············· 9
　　第二节　火灾基础知识 ············· 13

第三章　火灾自动报警系统设备 ············· 17
　　第一节　火灾自动报警系统组成 ············· 17
　　第二节　火灾自动报警系统的分类 ············· 23
　　第三节　火灾探测器技术性能 ············· 27
　　第四节　感烟探测器工作原理 ············· 30
　　第五节　感温探测器工作原理 ············· 32
　　第六节　火灾探测器的选择 ············· 35
　　第七节　火灾自动报警系统及气体灭火系统相关计算 ············· 37
　　第八节　火灾自动报警系统的施工、调试和验收 ············· 40
　　第九节　火灾自动报警系统的相关规定 ············· 44

第四章　火灾自动报警系统的子系统 ············· 51
　　第一节　电气火灾监控系统 ············· 51
　　第二节　可燃气体探测器 ············· 55

第三节	吸气式烟雾探测火灾自动报警系统	59
第四节	智能疏散系统	62
第五节	线型感温火灾探测器	66

第五章 消防联动技术 ……………………………………… 70
第一节	消防联动技术一般性要求	70
第二节	消防联动技术城市轨道交通要求	81
第三节	轨道交通 FAS 专业与其他专业设备接口	82

第六章 气体灭火系统 ……………………………………… 95
第一节	气体灭火系统原理	95
第二节	气体灭火系统分类和组成	96
第三节	气体灭火系统适用范围	101
第四节	气体灭火系统设置要求	103
第五节	气体灭火系统的部件及组件	105
第六节	气体灭火系统的相关规定	109

第二篇 实务篇

第七章 火灾自动报警系统设备维护 ……………………… 116
第一节	消防系统维护原则	116
第二节	消防系统维护要求及流程	116
第三节	火灾自动报警系统维护及管理	117
第四节	消防控制室的通用要求	121

第八章 火灾自动报警系统故障处理 ……………………… 124
第一节	常见故障及处理方法	124
第二节	火灾自动报警系统重大故障	125
第三节	火灾自动报警系统误报的原因	126

第九章 火灾自动报警系统维修工具的使用 ……………… 128
第一节	常用维修工具	128
第二节	常用仪表仪器	129
第三节	专用维修工具	137

第十章 火灾自动报警系统实操平台搭建 ………… 138

第一节 火灾自动报警系统实操平台搭建…………138
第二节 气体灭火系统实操平台搭建…………142
第三节 智能疏散系统平台搭建…………143

第十一章 典型故障案例分析 ………… 145

附录一 火灾自动报警系统检修岗位考核大纲………… 149

附录二 火灾探测器的具体设置部位 ………… 151

附录三 城市轨道交通火灾自动报警系统主要技术标准 ………… 153

附录四 火灾自动报警系统图例 ………… 155

参考文献 ………… 158

第一篇 基础知识篇

第一章　火灾自动报警系统概述

> **岗位应知应会**
>
> 1. 了解火灾自动报警系统、消防联动的基本概念。
> 2. 了解火灾自动报警系统相关术语。
>
> **重难点**
>
> 重点：火灾自动报警系统的术语。
> 难点：城市轨道交通火灾自动报警系统的规定。

第一节　城市火灾自动报警系统概述

随着我国轨道交通行业的快速发展，火灾自动报警系统（Automatic Fire Alarm System, AFAS）作为一门专门研究如何预防和控制火灾的综合性学科，正伴随着现代电子技术、信息集成技术、自动控制技术、嵌入式技术的发展进入到高科技综合学科的行列。火灾自动报警系统的发展也代表了轨道交通科学技术水平的发展，经历了人工监视型、自动化控制型、智能管控型三个发展阶段。同样，消防安全更是城市轨道交通运营的生命线，是永恒的主题。随着我国城市轨道交通快速发展，运营里程不断增加，线网规模不断扩大，网络化效应日益凸显，城市轨道交通已经进入网格化运营时代。城市轨道交通网格化运营对火灾监控的需求已经从"事后分析、被动型"发展到"事前预防、主动型"阶段。

轨道交通火灾风险系数大，后果严重。轨道交通普遍位于地下或高架桥上，具有逃生距离长、逃生途径少、逃生时间短、疏散困难、应急救援难度大等特点，火灾中产生的大量有毒有害烟气既不利于逃生，也增加了救援难度，势必造成重大的人员伤亡和经济损失（表1-1）。如2003年2月18日，韩国大邱市地铁中央路站发生火灾（图1-1），造成198人死亡，146人受伤，298人失踪。

1969～2005年世界各国城市地铁火灾案例　　　　表1-1

事　件	时间	伤亡损失	原因
北京地铁火灾	1969-11-11	8人死亡，300人受伤，直接经济损失人民币100万元	电气故障
阿塞拜疆地铁火灾	1995-10-28	558人死亡，269人受伤	电气故障
广州地铁火灾	1999-07-29	直接经济损失人民币20万元	配电所失火
韩国大邱地铁火灾	2003-02-18	198人死亡，146人受伤，298人失踪	人为纵火

图 1-1 韩国大邱地铁火灾现场图

此外,地铁多处于地下有限空间,又是人员密集公共场所,在逃生过程中很容易造成拥挤和踩踏,从而导致二次灾害和更大的伤亡。火灾自动报警系统成为地铁防灾、控灾、救灾的关键所在。所以,必须加强火灾的预防预警,提高火灾防范能力和初期火灾应急处置水平。火灾自动报警系统相关术语见表 1-2。

火灾自动报警系统相关术语　　　　　表 1-2

序号	名　　称	说　　明
1	AFAS（Automatic Fire Alarm System）	火灾自动报警系统
2	BAS（Building Automation System）	环境与设备监控系统
3	AFC（Automatic Fare Collection）	自动售检票系统
4	PIS（Passenger Information System）	乘客信息系统
5	PA（Public-address System）	广播
6	CCTV（Closed Circuit Televison）	闭路电视
7	ACS（Access Control System）	门禁系统
8	CLK（Clock）	时钟系统
9	IBP（Integrated Backup Panel）	综合后备盘
10	Manual Activating Device	消防手动启动器
11	Fire Alarm	发声警报器
12	Fire Telephone	火警电话
13	No Obs-tructing	禁止阻塞
14	No Locking	禁止锁闭
15	Fire-fighting Equipment	灭火设备
16	Fire Extinguisher	灭火器
17	Fire Hose	消防水带
18	Fiush Fire Hydrant	地下消火栓
19	Fost Fire Hydrant	地上消火栓
20	Fire Ladder	消防梯

续上表

序号	名　　称	说　　明
21	Highly Flammable Materals	易燃物质
22	Fire-oxidizing Materals	氧化物
23	Explosion-explosive Materals	爆炸性物质
24	No Watering To Put Out The Fire	禁止用水灭火
25	No Smoking	禁止吸烟
26	No Burning	禁止烟火
27	No Flammable Materals	禁止放易燃物

第二节　城市轨道交通火灾自动报警系统功能及其实现

一、一般规定

车站、区间隧道、区间变电所及系统设备用房、主变电所、集中冷站、控制中心、车辆基地应设置火灾自动报警系统。火灾自动报警系统的保护对象分级应根据其使用性质、火灾危险性、疏散和扑救难度等级确定，并符合下列规定：

(1)地下车站、区间隧道和控制中心，保护等级应为一级。

(2)设有集中空调系统或每层封闭的建筑面积超过2000m^2，但不超过3000m^{2}的地面车站、高架车站，保护等级应为二级，面积超过3000m^{2}的保护等级应为一级。

火灾自动报警系统的设计除应符合消防技术标准规范外，仍应符合《火灾自动报警系统设计规范》（GB 50116—2013）的有关规定。

二、系统组成及功能

火灾自动报警系统应具备火灾的自动报警、手动报警、通信和网络信息报警功能，并应实现火灾救灾设备的控制及与相关系统的联动控制。火灾自动报警系统应由设置在控制中心的中央级监控管理系统、车站和车辆基地的车站级监控系统、现场级监控系统及相关通信网络等组成。

火灾自动报警系统的中央级监控管理系统宜由操作员工作站、打印机、通信网络、不间断电源和显示屏等设备组成，并应具备下列功能：

(1)接收全线火灾火情信息；对线路消防系统、设施监控管理。

（2）发布火灾涉及有关车站消防设备的控制命令。

（3）接收并储存全线消防报警设备主要的运行状态。

（4）与各车站及车辆段等火灾自动报警系统进行通信联络。

（5）火灾事件历史资料存档管理。

火灾自动报警系统的车站级监控系统应由火灾报警控制器、消防控制室图形显示装置、打印机、不间断电源和消防联动控制器手动控制盘等组成，并应具备下列功能：

（1）与火灾自动报警系统中央监控管理系统及车站现场级监控系统进行通信联络。

（2）管辖范围内实时火灾的报警；监视车站管辖范围内火灾灾情。

（3）采集、记录火灾信息，并报送火灾自动报警系统中央监控管理级。

（4）显示火灾报警点；显示防救灾设施运行状态及所在位置画面。

（5）控制地铁消防救灾设备的启动、停止，并显示运行状态。

（6）接收中央级火灾自动报警系统指令；独立组织、管理、指挥管辖范围内的救灾，发布火灾联动控制指令。

火灾自动报警系统的现场级监控系统应由输入输出模块、火灾探测器、手动报警按钮、消防电话及现场网络等组成，并应具备下列功能：

（1）监视车站管辖范围内灾情，采集火灾信息；记录消防泵的低频巡检信号、运行状态、设备故障、管压力信号等信息。

（2）监视消防电源的运行状态；监视车站所有消防救灾设备的工作状态。

地铁全线火灾自动报警与联动控制的信息传输网络宜利用地铁公共通信网络，火灾自动报警系统现场级网络应独立配置。

三、消防联动控制

消防联动控制系统应实现消火栓系统、自动灭火系统、防排烟系统与消防电源、应急照明及疏散指示，防火卷帘、电动挡烟垂帘、消防广播、售检票机、站台门、门禁、自动扶梯等系统在火灾情况下的消防联动控制。

（1）消火栓系统的控制应符合下列要求：

①应控制消防泵的启动、停止。

②消防控制室应能显示消防泵的工作、故障和手/自动开关状态以及消火栓按钮的工作位置，并应实现消火栓泵的直接手动启动、停止。

③车站级火灾自动报警系统应控制消防给水干管电动阀门的开关，并应显示其工作状态。

④设消防泵的消火栓处应设消火栓启泵按钮，并可向消防控制室发送启动消防泵的信号。

⑤车站级火灾自动报警系统应显示自动灭火系统保护区的报警、喷气、风阀状态，以及

手/自动转换开关所处状态。

（2）防烟、排烟系统的控制应符合下列规定：

①应由火灾自动报警系统确认火灾，并应发布预定防烟、排烟模式指令。

②应由火灾自动报警系统直接联动控制，也可由环境与设备监控系统或综合监控系统接收指令，对参与防烟、排烟的非消防专用设备执行联动控制。

③环境与设备监控系统或综合监控系统接收火灾控制指令后，应优先进行模式转换，并应反馈指令执行信号。

④火灾自动报警系统直接联动的设备应在火灾报警显示器上显示运行模式状态。

⑤车站级火灾自动报警系统对消防泵和专用防烟、排烟风机，除应设自动控制外，尚应设手动控制；对防烟、排烟设备还应设手动和自动模式控制装置。

（3）消防电源、应急照明及疏散指示的控制，应符合下列规定：

①火灾自动报警系统确认火灾后，消防控制设备应按消防分区在配电室或变电所切断相关区域的非消防电源。

②火灾自动报警系统确认火灾后，应接通应急照明灯和疏散标志灯电源，并应只有监视工作状态的功能。

（4）消防联动对其他系统的控制应符合下列要求：

①应自动或手动将广播转换为火灾应急广播。

②闭路电视系统应自动或手动切换至相关画面。

③应自动或手动打开检票机，并应显示其工作状态。

④应根据火灾运行模式或工况自动或手动控制车站站台门开启或关闭，并应显示工作状态。

⑤应自动解锁火灾区域门禁，并宜手动解锁全部门禁。

⑥防火卷帘门、电动挡烟垂帘应自动降落，并应显示工作状态。

⑦电梯应迫降至首层，并应接收电梯的状态反馈信息；在人员监视的状态下应控制站内自动扶梯的停运或疏散运行。

⑧消防联动控制器应通过多路总线回路连接带地址的各类模块，每一总线回路连接带地址模块的数量应留有一定余量。

⑨换乘车站分线路设置的各线路火灾自动报警器之间，应通过互设信息模块、信息复示屏和消防电话分机的形式，实现信息互通及消防联动。

第三节　城市轨道交通火灾自动报警系统技术的发展趋势

城市轨道交通作为现代城市不可或缺的交通方式，在人们的生活中发挥着越来越重要的作用,它提供给人们的交通便利是其他交通工具所无法替代的。但是,由于城市轨道交通建筑结构特殊,其站台、站厅和通行路线一般处于地面以下,运营线路长,长度几公里至几十公里,客流量大,是人流高度集中场所,一旦发生火灾,人员疏散困难,能够第一时间监控到火情,是火灾自动报警系统技术的发展趋势。

一、智能化

人们要求火灾自动报警系统在实现早期可靠报警的前提下,最大限度地减少误报率。为了实现这一目标,在传感技术、微处理技术的支持下,火灾探测技术的发展促进了多传感技术和智能算法处理技术的研究和应用。由于火灾探测是一个非结构性问题,难以用精确的数学模型加以描述,采用人工神经网络和模糊逻辑等人工智能方法对火灾传感器模拟信号进行处理,可以得到更可靠的结果。

目前,市场上已普遍采用较为智能的感烟探测器和感温探测器,但其智能化程度尚有待提高。火灾早期生成物的特征和变化规律是开展智能探测研究的基础。火灾探测算法开发的前提是要有足够多的数据样本,因此建设火灾探测应用环境与火灾信息数据库具有重要意义。未来的智能化发展方向是通过多火灾生成物来辨别,如气溶胶粒子和黑烟的识别、灰尘和火灾生成物的识别。可以断言,多传感技术配合智能算法处理技术,对火灾探测报警系统智能化水平的提高将起到决定性作用,也将使其得到更大的发展。智能化火灾自动报警系统模块如图 1-2 所示。

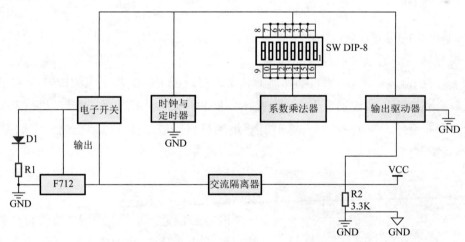

图 1-2　智能化火灾自动报警系统模块

二、网络化

数据的动态监视与处理、数据传输与共享、网络通信和服务、系统综合管理与系统信息区域联网等自主性和集中性功能以及网络化技术的研究和应用,还将促进动态集成多建筑群的集中管理,对进一步促进消防安全工作的管理具有重要作用。图1-3为某消防系统网络组成结构图。

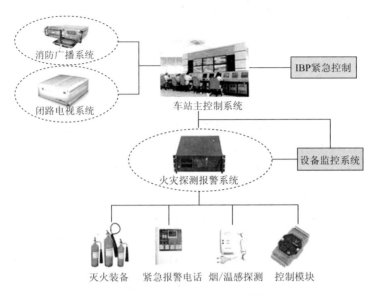

图1-3 某消防系统网络组成结构图

三、多样化

目前城市轨道交通行业应用的火灾探测器按其相应的工作原理基本可分为感烟、感温、火焰、可燃气体探测器以及两种或几种探测器的组合等。其中,感烟探测器最具代表性,但光纤线型感温探测器技术、火焰自动探测器技术、气体探测技术、静电探测技术、燃烧声波探测技术、复合式探测技术代表了火灾探测技术发展和开发应用研究的方向。此外,利用纳米粒子化学性强、化学反应选择性好的特性,将纳米材料制成气体探测器或离子感烟探测器,用来探测有毒气体、易燃易爆气体、蒸气及烟雾浓度并进行预警,具有反应快、准确性高的特点,目前已列为我国消防科研工作者重点研究开发课题。

随着智能建筑概念的引入,消防自动报警系统已经成为新建工程中的必备系统,这大大提高了建筑物的安全性和智能性。但如何使消防自动报警系统更加智能化、自动化,并在此基础上更加稳定可靠地保护建筑物,是每一个与火灾自动报警系统有关的人员需要深思的问题。图1-4为某消防产品气瓶防爆探测技术实物图。

图1-4 某消防产品气瓶防爆探测技术实物图

第二章　消防基础知识

岗位应知应会

1. 了解火灾及消防科学的基础理论、应用基础理论和应用技术的基本情况等。
2. 了解燃烧条件，燃烧类型，燃烧方式及其特点，燃烧产物。
3. 了解火灾的定义、分类与危害；火灾发生的常见原因；建筑火灾蔓延的机理与途径；灭火的基本原理与方法等内容。

重难点

重点：掌握燃烧的基础知识，火灾的常见原因。
难点：6类火灾类型的区分。

第一节　燃烧基础知识

一、燃烧条件

燃烧是指可燃物与氧化剂作用发生的放热反应，通常伴有火焰、发光和（或）发烟现象。燃烧可分为有焰燃烧和无焰燃烧。通常看到的明火都是有焰燃烧。有些固体发生表面燃烧时，有发光发热现象，但是没有火焰产生，这种燃烧方式则是无焰燃烧。燃烧的发生和发展，必须具备3个必要条件，即**可燃物、助燃物（氧化剂）和引火源（温度）**。当燃烧发生时，上述3个条件必须同时具备，如果有一个条件不具备，那么燃烧就不会发生（图2-1）。

图2-1　着火三角形

（一）可燃物

凡是能与空气中的氧或其他氧化剂起化学反应的物质，均称为可燃物。

（二）助燃物（氧化剂）

凡是与可燃物结合能导致和支持燃烧的物质，称为助燃物。

(三)引火源(温度)

凡是能引起物质燃烧的点燃能源,统称为引火源。 常见的引火源有下列几种:

(1)明火。明火是指生产、生活中的炉火、烛火、焊接火、吸烟火,撞击、摩擦打火,机动车辆排气管火星、飞火。

(2)电弧、电火花。电弧、电火花是指电气设备、电气线路、电气开关及漏电打火,电话、手机等通信工具火花,静电火花(物体静电放电、人体衣物静电打火,人体聚集静电对物体放电打火)等。

(3)雷击。雷击瞬间高压放电能引燃任何可燃物。

(4)高温。高温是指高温加热、烘烤、积热不散、机械设备故障发热、摩擦发热、聚焦发热等。

(5)自燃引火源。自燃引火源是指在既无明火又无外来热源的情况下,物质本身自行发热、燃烧起火,如白磷、烷基铝在空气中会自行起火,易燃、可燃物质与氧化剂、过氧化物接触起火等。

二、燃烧类型

(一)燃烧类型分类

按照燃烧形成的条件和发生瞬间的特点,燃烧可分为**着火和爆炸**。

1. 着火

可燃物在与空气共存的条件下,当达到某一温度时,与引火源接触即能引起燃烧,并在引火源离开后仍能持续燃烧,这种持续燃烧的现象称为着火。着火就是燃烧的开始,并且以出现火焰为特征。着火是日常生活中最常见的燃烧现象。可燃物的着火方式一般分为下列几类。

(1)点燃(或称强迫着火)

点燃是指由于外部热源如电热线圈、电火花、炽热质点、点火火焰等得到能量,使混合气的局部范围受到强烈的加热而着火。这时就会在靠近引火源处引发火焰,然后依靠燃烧波传播到整个可燃混合物中,这种着火方式在习惯上称为点燃。

(2)自燃

可燃物质在没有外部火花、火焰等引火源的作用下,因受热或自身发热并蓄热所产生的自然燃烧。称为自燃。自燃点是指可燃物发生自燃的最低温度。

① 化学自燃。例如金属钠在空气中自燃,煤因堆积过高而自燃等。这类着火现象通常不需要外界加热,而是在常温下通过自身的化学反应发生的,因此习惯上称为化学自燃。

② 热自燃。如果将可燃物和氧化剂的混合物预先均匀地加热,随着温度的升高,当混

合物加热到某一温度时便会自动着火（这时着火发生在混合物的整个容积中），这种着火方式习惯上称为热自燃。

2. 爆炸

爆炸是指物质由一种状态迅速地转变成另一种状态，并在瞬间以机械功的形式释放出巨大的能量，或是气体、蒸气瞬间发生剧烈膨胀等现象。爆炸最重要的一个特征是爆炸点周围发生剧烈的压力突变，这种压力突变就是爆炸发生破坏作用的原因。

（二）闪点、燃点、自燃点的概念

气体、液体、固体物质的燃烧各有特点，通常根据不同的燃烧类型，用不同的燃烧性能参数来分别衡量气体、液体、固体可燃物的燃烧特性。

1. 闪点

在规定的试验条件下，液体挥发的蒸气与空气形成的混合物，遇引火源能够闪燃的液体最低温度，称为闪点。

闪点是可燃性液体性质的主要标志之一，是衡量液体火灾危险性大小的重要参数。闪点越低，火灾危险性越大，反之则越小。

2. 燃点

在规定的试验条件下，应用外部热源使物质表面起火并持续燃烧一定时间所需的最低温度，称为燃点。

在一定条件下，物质的燃点越低，越易着火。

易燃液体的燃点一般高出其闪点 1～5℃，并且闪点越低，这一差值越小。在敞开的容器中，很难将易燃液体的闪点和燃点区分开来。因此，评定这类液体火灾危险性大小时，一般用闪点。固体物质的火灾危险性大小一般用燃点来衡量。

3. 自燃点

在规定的条件下可燃物质发生自燃的最低温度，称为自燃点。在这一温度时，物质与空气（氧）接触，不需要明火的作用，就能发生燃烧。

可燃物的自燃点越低，发生自燃的危险性就越大。

三、燃烧方式及其特点

（一）气体燃烧

可燃气体的燃烧不需像固体、液体那样经熔化、蒸发过程，其所需热量仅用于氧化或分解，或将气体加热到燃点，因此容易燃烧且燃烧速度快。根据燃烧前可燃气体与氧混合状况不同，其燃烧方式分为扩散燃烧和预混燃烧。

（二）液体燃烧

易燃、可燃液体在燃烧过程中，并不是液体本身在燃烧，而是液体受热时蒸发出来的液体蒸气被分解、氧化达到燃点而燃烧，即蒸发燃烧。不同液体在燃烧过程中会伴有**闪燃、沸溢、喷溅**等现象。

（1）闪燃：易燃或可燃液体挥发出来的蒸气分子与空气混合后，达到一定浓度时，遇引火源产生一闪即灭的现象。

（2）沸溢：重质油品等燃烧过程中，产生大量蒸汽气泡，使液体体积膨胀，向外溢出，同时部分未形成泡沫的油品也被下面的蒸汽膨胀力抛出，使液面猛烈沸腾起来，就像"跑锅"一样，这种现象称为沸溢。

（3）喷溅：重质油品等燃烧过程中，随着热波温度的逐渐升高，热波向下传播的距离也加大，当热波达到水垫时，水垫的水大量蒸发，蒸汽体积迅速膨胀，以至把水垫上面的液体层抛向空中，向外喷射，这种现象称为喷溅。

（三）固体燃烧

根据各类可燃固体的燃烧方式和燃烧特性，固体燃烧的形式大致可分为 5 种，其燃烧各有特点：**蒸发燃烧、表面燃烧、分解燃烧、熏烟燃烧（阴燃）、动力燃烧（爆炸）**。

以上各种燃烧方式的划分不是绝对的，有些可燃固体的燃烧往往包含两种或两种以上的形式。例如，在适当的外界条件下，木材、棉、麻、纸张等的燃烧会明显地存在分解燃烧、熏烟燃烧、表面燃烧等形式。

四、燃烧产物

燃烧产生的物质，其成分取决于可燃物的组成和燃烧条件。大部分可燃物属于有机化合物，它们主要由碳、氢、氧、氮、硫等元素组成，燃烧生成的气体一般有一氧化碳、二氧化碳、丙烯醛、氯化氢、二氧化硫等。

由燃烧或热解作用产生的全部物质，称为燃烧产物，有完全燃烧产物和不完全燃烧产物之分。完全燃烧产物是指可燃物中的 C 被氧化成 CO_2（气）、H 被氧化生成的 H_2O（液）、S 被氧化生成的 SO_2（气）等。而 CO、NH_3、醇类、醛类、醚类等是不完全燃烧产物。

有机高分子化合物（简称高聚物）在燃烧过程中，会产生 CO、NO_x（氮氧化物）、HCl、HF、SO_2 及 $COCl_2$（光气）等有害气体，对火场人员的生命安全构成极大的威胁。

二氧化碳和一氧化碳是燃烧产生的两种主要燃烧产物。其中，二氧化碳虽然无毒，但当达到一定的浓度时，会刺激人的呼吸中枢，导致呼吸急促、烟气吸入量增加，并且还会引起头痛、神志不清等症状。而一氧化碳是火灾中致死的主要燃烧产物之一，其毒性在于对血液中血红蛋白的高亲和性，其对血红蛋白的亲和力比氧气高出 250 倍，因而，它能够阻碍人体血液中氧气的输送,引起头痛、虚脱、神志不清等症状和肌肉调节障碍等。

除毒性之外,燃烧产生的烟气还具有一定的减光性。通常可见光波长（λ）为0.4～0.7μm,一般火灾烟气中的烟粒子粒径（d）为几微米到几十微米,由于$d>2λ$,烟粒子对可见光是不透明的。烟气在火场中弥漫,会严重影响人们的视线,使人们难以辨别火势发展方向和寻找安全疏散路线。同时,烟气中有毒气体对人的眼睛有极大的刺激性,降低能见度。

第二节　火灾基础知识

一、火灾的定义、分类

（一）火灾的定义

根据《消防词汇　第1部分:通用术语》（GB/T 5907.1—2014）,火灾是指在时间或空间上失去控制的燃烧所造成的灾害。

（二）火灾的分类

1. 按照燃烧对象的性质分类

按照国家标准《火灾分类》（GB/T 4968—2008）的规定,火灾分为A、B、C、D、E、F共6类。

A类火灾:固体物质火灾。这种物质通常具有有机物性质,一般在燃烧时能产生灼热的余烬。例如,木材、棉、毛、麻、纸张等火灾。

B类火灾:液体或可熔化固体物质火灾。例如,汽油、煤油、原油、甲醇、乙醇、沥青、石蜡等火灾。

C类火灾:气体火灾。例如,煤气、天然气、甲烷、乙烷、氢气、乙炔等火灾。

D类火灾:金属火灾。例如,钾、钠、镁、钛、锆、锂等火灾。

E类火灾:带电火灾。物体带电燃烧的火灾。例如,变压器等设备的电气火灾等。

F类火灾:烹饪器具内的烹饪物（如动物油脂或植物油脂）火灾。

2. 按照火灾事故所造成的灾害损失程度分类

依据中华人民共和国国务院2007年4月9日颁布的《生产安全事故报告和调查处理条例》（国务院令第493号）中规定的生产安全事故等级标准,消防部门将火灾分为特别**重大火灾、重大火灾、较大火灾和一般火灾**4个等级。

（1）特别重大火灾是指造成30人以上死亡,或者100人以上重伤,或者1亿元以上直接财产损失的火灾。

（2）重大火灾是指造成10人以上30人以下死亡,或者50人以上100人以下重伤,或者5000万元以上1亿元以下直接财产损失的火灾。

（3）较大火灾是指造成3人以上10人以下死亡,或者10人以上50人以下重伤,或者1000万元以上5000万元以下直接财产损失的火灾。

（4）一般火灾是指造成3人以下死亡,或者10人以下重伤,或者1000万元以下直接财产损失的火灾。

二、火灾发生的常见原因

事故都有起因,火灾也是如此。分析起火原因,了解火灾发生的特点,是为了更有针对性地运用技术措施,有效控火,防止和减少火灾危害。

（一）电气

电气原因引起的火灾在我国火灾中居于首位。电气设备过负荷、电气线路接头接触不良、电气线路短路等是电气引起火灾的直接原因。其间接原因是电气设备故障或电气设备设置和使用不当。

（二）吸烟

烟蒂和点燃烟后未熄灭的火柴梗温度可达到800℃,能引起许多可燃物质的燃烧,在起火原因中占有相当的比重。

（三）生活用火不慎

生活用火不慎主要是指城乡居民家庭生活用火不慎。

（四）生产作业不慎

生产作业不慎主要是指违反生产安全制度引起火灾。

（五）设备故障

在生产或生活中,一些设施设备疏于维护保养,导致在使用过程中无法正常运行,因摩擦、过载、短路等原因造成局部过热,从而引起火灾。

（六）玩火

未成年儿童因缺乏看管,玩火取乐,也是造成火灾发生的常见原因之一。

(七)放火

放火主要是指采用人为放火的方式引起的火灾。

(八)雷击

雷电导致的火灾原因,大体上有3种:一是雷电直接击在建筑物上发生热效应、机械效应作用等;二是雷电产生静电感应作用和电磁感应作用;三是高电位雷电波沿着电气线路或金属管道系统侵入建筑物内部。

三、建筑火灾蔓延的机理与途径

(一)建筑火灾蔓延的传热基础

热量传递有3种基本方式,即**热传导、热对流和热辐射。**

热传导又称导热,属于接触传热,是连续介质就地传递热量而又没有各部分之间相对的宏观位移的一种传热方式。

热对流又称对流,是指流体各部分之间发生相对位移,冷热流体相互掺混引起热量传递的方式。

热辐射是因热的原因而发出辐射能的现象。辐射换热是物体间以辐射的方式进行的热量传递。

(二)建筑火灾的烟气蔓延

建筑发生火灾时,烟气流动的方向通常是火势蔓延的一个主要方向。一般,500℃以上热烟所到之处,遇到的可燃物都有可能被引燃起火。

烟气流动的驱动力包括室内外温差引起的烟囱效应,外界风的作用,通风空调系统的影响等。

蔓延的主要途径有:内墙门、洞口,外墙门、窗口,房间隔墙,空心结构,闷顶,楼梯间,各种竖井管道,楼板上的孔洞及穿越楼板、墙壁的管线和缝隙等。

对主体为耐火结构的建筑物来说,造成蔓延的主要原因有:未设有效的防火分区,火灾在未受限制的条件下蔓延;洞口处的分隔处理不完善,火灾穿越防火分隔区域蔓延;防火隔墙和房间隔墙未砌至顶板,火灾在吊顶内部空间蔓延;采用可燃构件与装饰物,火灾通过可燃的隔墙、吊顶、地毯等蔓延。

(三)建筑火灾发展的几个阶段

对于建筑火灾而言,最初发生在室内的某个房间或某个部位,然后由此蔓延到相邻的房间或区域,以及整个楼层,最后蔓延到整个建筑物。其发展过程大致可分为初期增长阶段、充分发展阶段和衰减阶段。

1. 初期增长阶段

初期增长阶段从出现明火起,此阶段燃烧面积较小,只局限于着火点处的可燃烧物,局部温度较高,室内各点的温度不均衡,其燃烧状况与敞开环境中的燃烧状况差不多。火灾初期增长阶段持续时间的长短不定。

2. 充分发展阶段

当房间内温度达到400~600℃时,室内绝大部分可燃物起火燃烧,这种在一限定空间内可燃物的表面全部卷入燃烧的瞬变状态,称为轰燃。轰燃的出现是燃烧释放的热量在室内逐渐积累与对外散热共同作用、燃烧速率急剧增大的结果。通常,轰燃的发生标志着室内火灾进入充分发展阶段。

3. 衰减阶段

一般认为火灾衰减阶段是从室内平均温度降低到其峰值的80%时算起。随后房间内温度下降显著,直到室内外温度达到平衡为止,火灾完全熄灭。

四、灭火的基本原理与方法

(一)冷却灭火

可燃物一旦达到着火点,即会燃烧或持续燃烧。在一定的条件下,将可燃物的温度降到着火点以下,燃烧即会停止。对于可燃固体,将其冷却在燃点以下;对于可燃液体,将其冷却在闪点以下,燃烧反应就会中止。

(二)隔离灭火

在燃烧三要素中,可燃物是燃烧的主要因素。将可燃物与氧气、火焰隔离,就可以中止燃烧、扑灭火灾。

(三)窒息灭火

可燃物的燃烧是氧化作用,需要在最低氧浓度以上才能进行,低于最低氧浓度,燃烧不能进行,火灾即被扑灭。一般氧浓度低于15%时,就不能维持燃烧。

(四)化学抑制灭火

由于有焰燃烧是通过链式反应进行的,如果能有效地抑制自由基的产生或降低火焰中的自由基浓度,即可使燃烧中止。化学抑制灭火的灭火剂常见的有干粉和七氟丙烷。

第三章　火灾自动报警系统设备

> **岗位应知应会**
>
> 1. 掌握火灾自动报警系统的基本组成、工作原理,了解各类火灾探测器的技术要求。
> 2. 了解火灾自动报警系统框架。
>
> **重难点**
>
> 重点:掌握火灾自动报警系统的组成、工作原理、分类。火灾自动报警系统主机是消防系统的大脑,是全书最重要的知识点。
>
> 难点:火灾探测器的选型。火灾自动报警及气体灭火系统的相关计算。

第一节　火灾自动报警系统组成

火灾自动报警系统是人们为了尽早发现和通报火灾,及时采取有效措施控制和扑灭火灾,而设置在建筑中或其他场所的一种自动消防设施。把火灾自动报警装置和消防设备按照实际需要合理地组合起来,就构成了火灾自动报警及消防联动控制系统。该系统主要由火灾触发器、火灾报警装置、火灾警报装置以及具有其他辅助功能的装置组成(图3-1、图3-2)。

火灾自动报警系统一般由火灾触发器、火灾报警装置、火灾警报装置以及具有其他辅助功能的装置组成。它可以在火灾初期,将燃烧产生的烟雾、热量和光辐射等物理量,通过感温、感烟、感光等火灾探测器接收到的信号转变成电信号输入火灾报警控制器,报警控制器立即以声、光信号向人们发出警报,同时根据报警点,向消防值班员指示火灾发生的位置,记录火情发生的时间。它还可以与水消防系统、防排烟系统、防火门、防火卷帘、挡烟垂壁、气体灭火等防火灭火设备联动,自动或手动发出指令,启动相应响应模式。

一、火灾触发器

火灾触发器是指火灾自动报警系统中通过自动或手动的方式产生火灾报警信息的信号装置,主要包括**火灾探测器和手动报警按钮**。火灾探测器是指能对火灾情况下的相应参数(烟、温、光、火焰辐射、气体浓度等)响应,并自动产生火灾报警信号的探测装置。按相应火灾参数的不同,火灾探测器可分为感温火灾探测器、感烟火灾探测器、感光火灾探

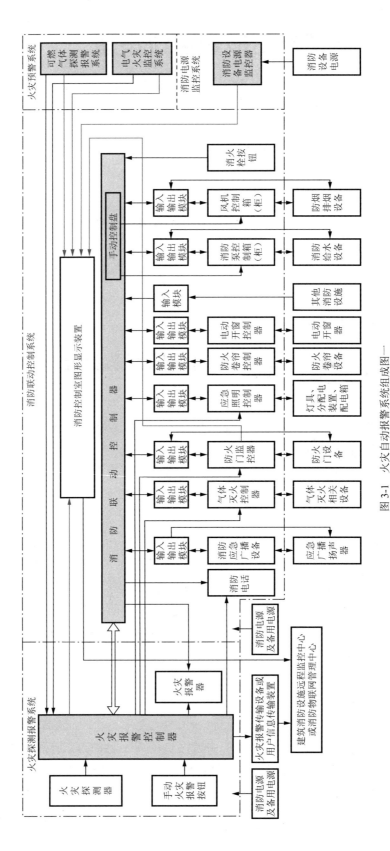

图 3-1 火灾自动报警系统组成图一

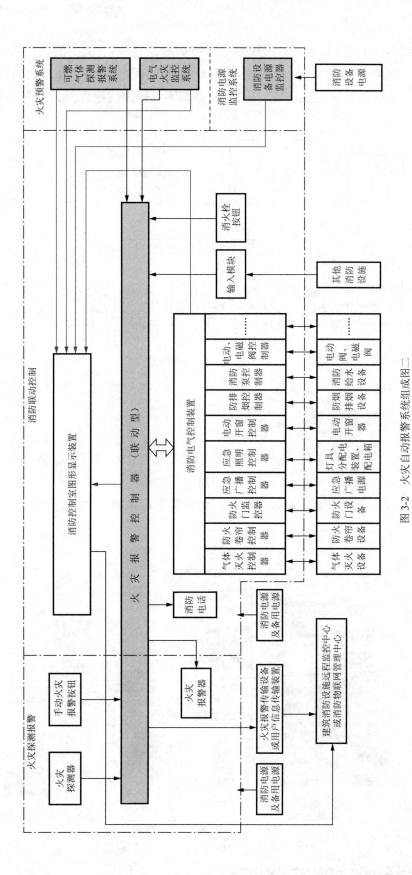

图 3-2 火灾自动报警系统组成图二

测器、可燃气体探测器和复合火灾探测器 5 种基本类型，不同类型的火灾探测器适用于不同类型的火灾和不同的场所。手动火灾报警按钮是手动方式产生火灾报警信号、启动火灾自动报警系统的装置，也是火灾自动报警系统不可缺少的组成部分。图 3-3 为串并联探测器连接方式。

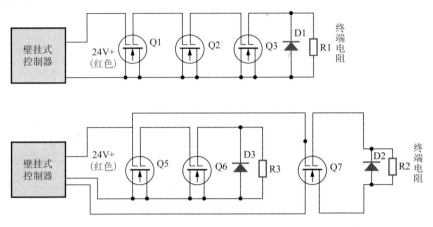

图 3-3　串并联探测器连接方式

二、火灾报警装置

火灾报警装置（图 3-4）是指在火灾自动报警系统中，用以接收、显示和传递火灾报警信号并能发出控制信号和具有其他辅助功能的控制指示设备。火灾报警控制器就是其中最基本的一种。**消防行业通常称为火灾自动报警系统主机**，并配备有图形工作站、控制琴台等。

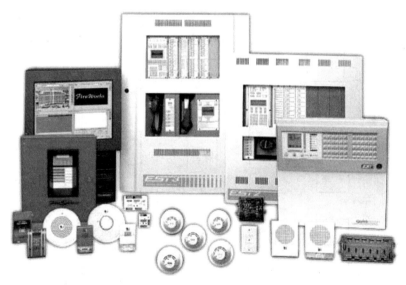

图 3-4　火灾报警装置

三、火灾警报装置

火灾警报装置（图3-5）是指在火灾自动报警系统中，用以发出区别于环境声、光的火灾警报信号的装置。火灾警报器是一种最基本的火灾警报装置，通常与火灾报警控制器、区域显示器、火灾显示盘、集中火灾报警控制器组合在一起。它以声、光音响方式向报警区域发出火灾警报信号，以警示人们采取安全疏散、灭火救援措施。在有条件的场所，还可设置消防应急广播以及多功能显示屏，在火灾情况下播放预先录制好的疏散广播以及播放便于疏散的指引视频。

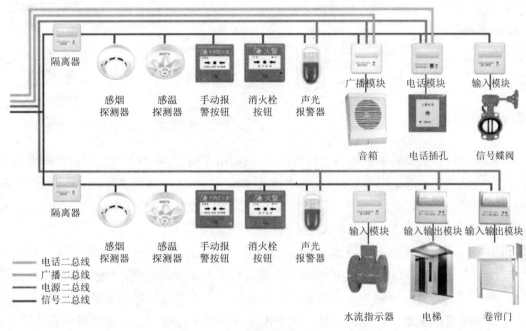

图 3-5 火灾警报装置产品

四、消防控制设备

消防控制设备（图3-6）是指在火灾自动报警系统中，当接收到火灾触发器触发火灾报警信号后，能自动或手动启动相关消防设备开关、显示其状态的设备。它主要包括火灾报警控制器、自动灭火系统的控制装置、室内消火栓系统的控制装置，防烟排烟系统及空调通风系统的控制装置、常开防火门、防火卷帘控制器、火灾应急广播以及火灾警报装置、消防通信设备、火灾应急照明与疏散指示标志的控制装置等控制装置的部分或全部。消防控制设备一般设置在消防值班室，以便于实现集中统一控制。少部分消防设备控制装置设置在现场，但其动作信号必须返回消防控制室，实行集中与分散相结合的控制方式。

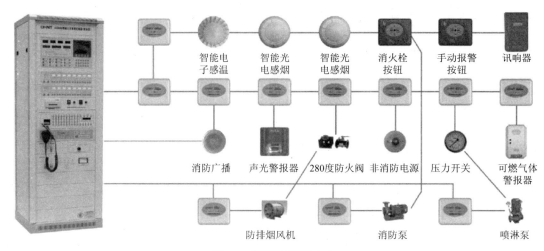

图 3-6 消防控制设备产品

五、消防电源

火灾自动报警系统属于消防用电设备,属一类用电负荷,其主电源应当采用消防专用电源。通常情况下主电源采用双路供电,一主一备,瞬时切换,备电采用蓄电池供电,须保证在主电失电的情况下,保证 24 小时正常监控用电。系统电源除为火灾自动报警系统供电外,还为与系统相联动的消防控制设备供电。

消防电源往往由几个不同用途的独立电源以一定的方式互相连接起来,构成一个电力网络进行供电,这样可以提高供电的可靠性和经济性。为了分析方便,一般可按照供电范围和时间的不同把消防电源分为主电源和应急电源两类。主电源指电力系统电源,应急电源可由自备柴油发电机组或蓄电池担任。对于停电时间要求特别严格的消防用电设备,还可采用不停电电源进行连续供电。此外,在火灾应急照明或疏散指示标志的光源处,需要获得交流电时,可增加把蓄电池直流电变为交流电的逆变器。

六、火灾警报装置的设置要求

(1)未设置火灾应急广播的火灾自动报警系统,应设置火灾警报装置。

(2)每个防火分区至少应设置一个火灾警报装置,其位置宜设在各楼层走道靠近楼梯出口处。警报装置宜采用手动或自动控制方式。

在环境噪声大于 60dB 的场所设置火灾警报装置时,其警报器的声压级应高于背景噪声 15dB。

第二节 火灾自动报警系统的分类

火灾自动报警系统随着科技的发展在日常工程应用中已形成了区域报警系统、集中报警系统、控制中心报警系统3种形式。

一、区域报警系统

区域报警系统是局部报警系统，或者微型报警系统。它是由区域报警控制主机或通用报警控制主机和火灾探测器、手动报警按钮、警报装置等组成，功能简单的火灾自动报警系统，主要结构如图3-7所示。

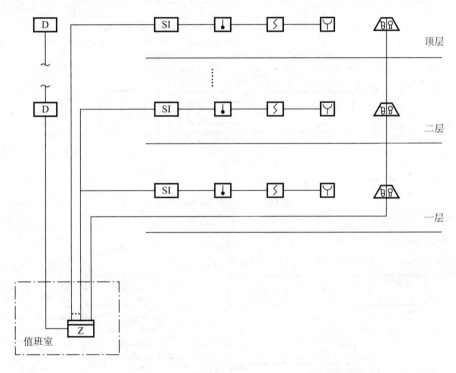

图3-7 区域报警系统示意图

区域报警系统宜用于二级保护对象，在城市轨道交通中主要应用于主变电所、区间风井、离主楼较远的辅助性建筑设施。一般不超过3个防火分区，保护部位分布比较集中，易于监测，对系统功能要求较为简单，通常无较烦琐的连锁控制。对不便于或者没有集中监控和管理时，可采用此类形式，它也可单独用于工矿企业的要害部位和民用建筑的塔式公寓、办公楼、写字楼、独立的网吧等处。当探测区域较多时，监控设备较复杂时，宜采用总线制可编址系统。

区域报警系统设计要求：区域报警系统应由火灾探测器、手动报警按钮、火灾警报器、火灾报警控制器等组成，系统中可包括消防控制室图形显示装置和楼层的区域显示器；火灾报警控制器应设置在有人值班的场所；系统未设置消防控制室图形显示装置时，应设置火警传输设备。

二、集中报警系统

常见的集中报警系统由集中报警控制主机、区域报警控制主机、火灾探测器、手动报警按钮、警报装置等组成，属于功能较复杂的火灾自动报警系统。

集中报警系统设计要求（图3-8～图3-10）：集中报警系统应有火灾探测器、手动报警按钮、火灾警报器、消防应急广播、消防专用电话、消防控制室图形显示装置、火灾报警控制器、

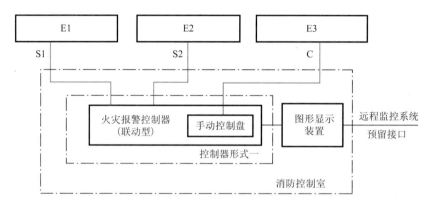

图3-8 集中报警系统案例一

注：E1——火灾探测器、手动火灾报警按钮等只发出报警信号的设备；
　　E2——通过模块联动控制或反馈的设备；
　　E3——消防风机、消防水泵等需要消防控制室直接手动控制的设备。

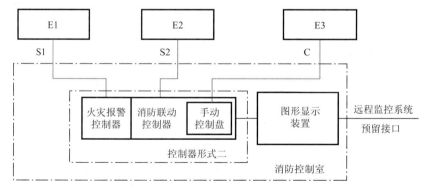

图3-9 集中报警系统案例二

注：E1——火灾探测器、手动火灾报警按钮等只发出报警信号的设备；
　　E2——通过模块联动控制或反馈的设备；
　　E3——消防风机、消防水泵等需要消防控制室直接手动控制的设备。

消防联动控制器等组成。系统中火灾报警控制器、消防联动控制器和消防控制室图形显示装置、消防应急广播的控制装置、消防专用电话总机等起集中控制作用的消防设备,应设置在消防控制室内。

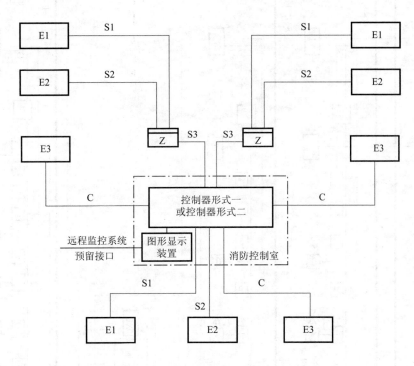

图 3-10　集中报警系统案例三(两台及以上报警)

注：E1——火灾探测器、手动火灾报警按钮等只发出报警信号的设备；
　　E2——通过模块联动控制或反馈的设备；
　　E3——消防风机、消防水泵等需要消防控制室直接手动控制的设备。

三、控制中心报警系统

控制中心报警系统由消防控制室的消防设备、集中火灾报警控制主机、区域火灾报警控制器和火灾探测器等组成,或由消防控制室的消防控制设备、火灾报警控制主机、楼层显示器和火灾探测器组成。

控制中心报警系统(图 3-11)宜用于特级和一级保护对象,主要用于大型宾馆、饭店、商场、地铁等,还多用于大型建筑群。

控制中心报警系统设计要求：有两个及以上的消防控制室时,应确定一个主消防控制室；主消防控制室应能显示所有火灾报警信号和联动控制状态信号,并应能控制重要的消防设备；各分消防控制室内消防设备之间可互相传输、显示状态信息,但不能互相控制。

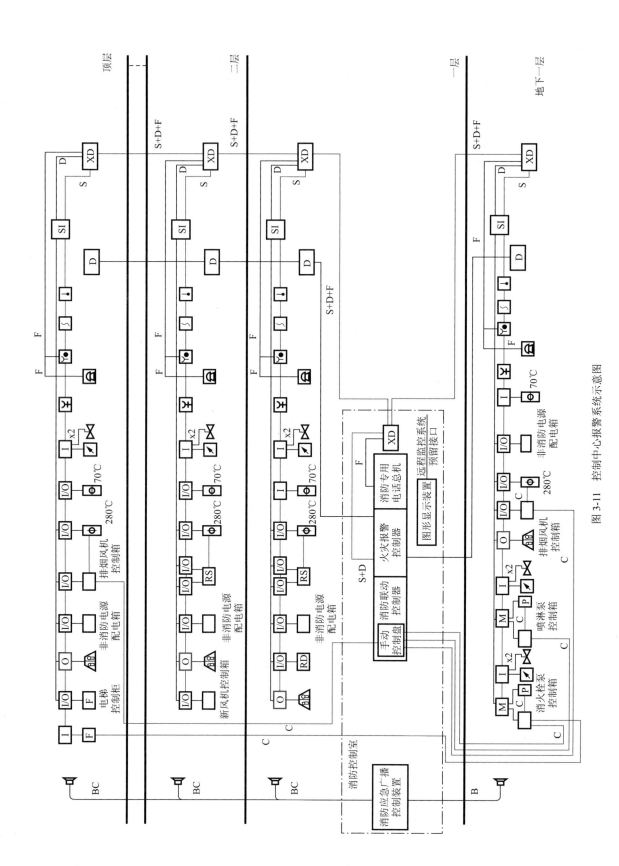

图 3-11 控制中心报警系统示意图

第三节　火灾探测器技术性能

火灾探测器是火灾自动报警系统基本组成部分之一,它至少含有一个能够连续或以一定频率周期监视与火灾有关的事宜的物理或化学现象的传感器,并且至少能够向控制和指示设备提供一个合适的信号,是否报火警或操纵自动消防设备,可由探测器或控制和指示设备作出判断。火灾探测器可按其探测的火灾特征参数、监视范围、复位功能、拆卸性能等进行分类。

一、根据探测器火灾特征参数分类

火灾探测器根据其探测火灾特征参数的不同,可以分为**感烟、感温**、感光、气体、复合5种基本类型:

（1）感温火灾探测器:响应异常温度、温升速率和温差变化等参数的探测器。

（2）感烟火灾探测器:响应悬浮在大气中的燃烧和/或热解产生的固体或液体微粒的探测器,进一步可分为离子感烟、光电感烟、红外光束、吸气型等。

（3）感光火灾探测器:响应火焰发出的特定波段电磁辐射的探测器,又称为火焰探测器,进一步可分为紫外、红外（图3-12）及复合式型等类型。

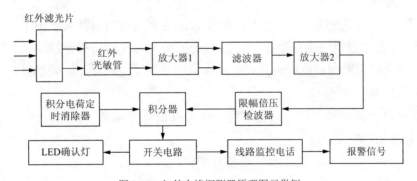

图 3-12　红外火焰探测器原理图示举例

（4）气体火灾探测器:响应燃烧或热解产生的气体的火灾探测器。

（5）复合火灾探测器:将多种探测原理集中于一身的探测器,它进一步可分为烟温复合、红外紫外复合等火灾探测器（图3-13）。

二、根据监测范围分类

火灾探测器根据其监视范围的不同,分为点型火灾探测器和线型火灾探测器。

（1）点型火灾探测器:响应一个小型传感器附近的火灾特征参数的探测器。

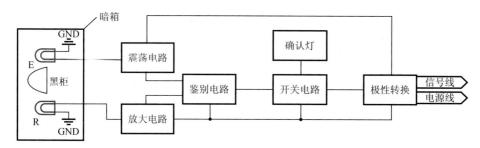

图 3-13 红外散射式光电探测器

（2）线型火灾探测器：响应某一个连续路线附近的火灾特征参数的探测器。

根据其是否具有复位（恢复）功能分类，火灾探测器根据其是否具有复位功能，分为可复位探测器和不可复位探测器两种。

（1）可复位探测器：在响应后和在引起相应的条件终止时，不更换任何组件即可从报警状态恢复到监视状态的探测器。

（2）不可复位探测器：在响应后不能复位到正常监视状态的探测器。

根据火灾探测器根据其维修和保养时是否具有可拆卸性，分为可拆卸探测器和不可拆卸探测器两种类型。

（1）可拆卸探测器：探测器设计成容易从正常运行位置上拆下来，以方便维修和保养。

（2）不可拆卸探测器：在维修和保养时，探测器设计不能从正常运行位置上进行拆卸，须经过专业改造处理。

手动火灾报警按钮的分类，手动火灾报警按钮是火灾自动报警系统中不可缺少的一种手动触发器件，它通过手动操作报警按钮的启动机构向火灾自动报警控制主机发出火灾报警信号。手动火灾报警按钮按编码方式可分为编码型报警按钮和非编码型报警按钮。

火灾探测器型号命名：

火灾探测器产品型号编制方法是按照《火灾探测器产品型号编制方法》（GA/T 227—1999）执行的，其编制方法是：

J（警）——消防产品中火灾报警设备分类代号。

T（探）——火灾探测器代号。

火灾探测器分类代号。各类类型火灾探测器的具体表示方法如下：

Y（烟）——感烟火灾探测器；

W（温）——感温火灾探测器；

G（光）——感光火灾探测器；

Q（气）——气体敏感火灾探测器；

T（图）——图像摄像方式火灾探测器（特殊场所用）；

S（声）——感声火灾探测器（特殊场所用）；

F（复）——复合式火灾探测器。

应用范围特征代号,如 B(爆)——防爆型(无"B"即为非防爆型);C(船)——船用型。

三、火灾探测器技术性能和要求

发生火灾后,能否准确地向火灾报警控制主机发出火警信号,不漏报;处于监视状态下误报率和故障率的多少,是衡量火灾探测器技术性能的主要标准。因此,火灾探测器必须满足以下技术性能。

(1)工作电压是指火灾探测器处于工作状态时所需供给的电源低压,目前要求火灾探测器的工作电压为 DC24V、DC12V;允差是指火灾探测器工作电压的允许波动范围,按国家标准规定,允差为额定工作电压的 -15% ~ 10%,有的要求为 1V,不同产品,由于采用的元器件不同,允差值也不一样,一般允差值越大越好。

(2)灵敏度。就感烟探测器而言,灵敏度是指在一定浓度的烟雾作用时,探测器所能显示的敏感程度,一般灵敏度是用减光率 $\delta\%$ 来表示的。减光率是体现烟雾特性的一个重要参数,它涉及烟雾的光学浓度问题。

可燃物在燃烧过程中产生的烟雾,是由大量可见和不可见的微粒形成的,可见微粒或称烟雾粒子(其直径一般在 0.01 ~ 10μm)。根据研究问题的不同,烟雾的重要性能指标:"浓度",可分别采用烟雾的质量浓度、粒子浓度、和光学浓度来计量:

质量浓度,单位容积内所含烟雾的质量(单位:kg/m^3),多用于对烟雾的物理化学性质的研究。

粒子浓度,是指单位容积内所含烟粒子的数目(单位:颗$/m^3$),即为烟雾的微粒浓度,多用于对烟雾污染特性的研究。

光学浓度,是表示可见光通过单位密度的烟雾层后,其发光强度(光通量)的衰减程度,可用于感烟探测器的灵敏度等级的确定。

(3)监视电流,指火灾探测器处于监视状态时的工作电流,由于工作电流是定值,所以监视电流代表火灾探测器运行功耗,火灾探测器监视电流越小越好,现行产品的监视电流一般为几十微安或几百微安。

(4)允许的最大报警电流,指火灾探测器处于报警状态时的允许最大工作电流。若超过此值,火灾探测器会损坏,一般要求该值越大越好,越大表明火灾探测器的负载能力越大。

(5)报警电流,指火灾探测器处于报警状态时的工作电流。此值一般比允许的最大报警电流值小,报警电流值和允差值一起决定了火灾自动报警系统中,火灾探测器的最远安装距离,以及回路中火灾探测器的数量。

(6)保护面积,一只火灾探测器能有效探测的面积,它是确定火灾自动报警系统中采用火灾探测器的数量的依据。

(7)工作环境适应性是决定选用火灾探测器的参数依据,包括:环境温度、相对湿度、气流流速和清洁程度等。一般要求火灾探测器工作环境适应性越强越好。

第四节 感烟探测器工作原理

一、离子感烟探测器

离子感烟探测器是对能影响探测器内电离电流的燃烧物质所敏感的火灾探测器。即当烟参数影响电离电流并减少至设定值时,探测器动作,从而输出火灾报警信号。

离子感烟探测器(图3-14)的原理为在串联两个电离室两端直接接入24V直流电源。两个电离室形成一个分压器,两个电离室电压之和为24V。外电离室是开孔的,烟可顺利通过;内电离室是封闭的,不能进烟,但能与周围环境缓慢相通,以补偿外电离室环境的变化对其工作状态产生的影响。

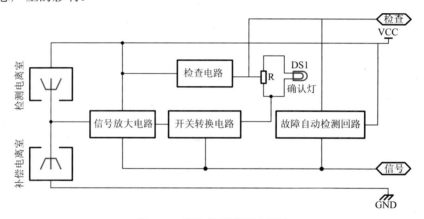

图3-14 离子感烟探测器方框图

当发生火灾时,烟雾进入采样电离室后,正负离子会附着在烟颗粒上,由于烟粒子的质量远大于正负离子的质量,所以正负离子的定向运动速度减慢,电离电流减小,其等效电阻增加;而参考电离室内无烟雾进入,其等效电阻保持不变。这样就引起了两个串联电离室的分压比改变,采样电离室的伏安特性将由曲线发生改变,参考电离室的伏安特性曲线保持不变,如果电离电流从正常监视电流 I_1 减小到火灾检测电流 I_2,则采样电离室端电压 U_1 增加到 U_2,即采样电离室的电压增量为 $\Delta U=U_2-U_1$。

当采样电离室电压增量 ΔU 达到预定报警值时,即 P 点的点位达到规定的电平时,通过模拟信号放大及阻抗变换器使双稳定态触发器翻转,即由截止状态进入饱和导通状态,产生报警电流 I_A 启动底座上驱动电路。再通过驱动电路使底座上的报警确认灯发出报警,并向其报警控制器发出报警信号。在探测器发出报警信号时,报警电流一般不超过100mA。另外采取了瞬时探测器工作电压的方式,以使火灾后仍然处于报警状态的双稳态触发器恢复至截止状态,达到探测器复位的目的。

一般出厂时,探测器灵敏度已确定,在现场不能随意调节。

二、光电感烟探测器

感烟探测器是对探测区域内某一点或某一连续线路周围的烟参数作出敏感响应的火灾探测器。光电感烟探测器（图 3-15）是常用的感烟探测器之一，对**火灾初期及阴燃阶段**的早期报警行之有效，应用广泛。

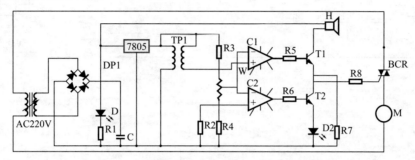

图 3-15　光电感烟探测器工作原理图

光电感烟探测器是对能影响红外可见和紫外电磁波频谱区辐射的吸收式或散射的燃烧物质所敏感的火灾探测器。即在火灾探测器设有光源、光电元器件和电子开关，并由光源与光电元器件组成光电转换电路，当烟参数影响探测器内传播特性时，探测器就会发出火灾报警信号。

这种探测器对燃烧时产生的白烟有良好的响应，适用于电器火灾等场合，具有寿命长、稳定性可靠和良好的抗风、耐潮湿性能。按其工作特点分为点型和线型，点型探测器设定在规定的位置上进行整个警戒空间的探测。线型探测器所监测的区域为一条直线。

三、红外光束线型感烟探测器

红外光束线型感烟探测器是应用烟粒子吸收式或散射红外光束强度发生变化的原理而工作的一种火灾探测器。当正常的脉冲红外光束受到被保护空间（有一定的保护范围）的烟雾影响而减弱，辐射能量减弱到影响阈值时，探测器立即动作，发出火灾报警信号，其工作原理如图 3-16 所示。红外光束线型探测器安装示意图如图 3-17、图 3-18 所示。

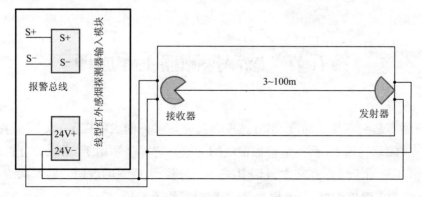

图 3-16　红外光束线型探测器工作原理图

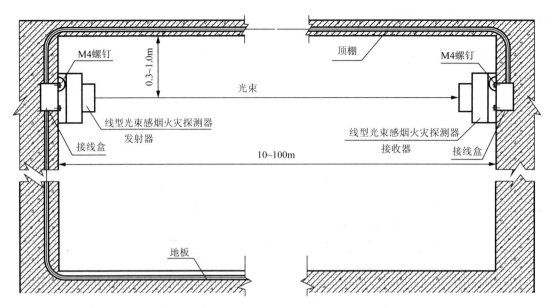

图 3-17 红外光束线型探测器立面安装示意图

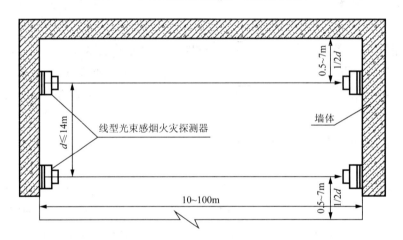

图 3-18 红外光束线型探测器平面安装示意图

第五节　感温探测器工作原理

感温探测器是响应异常温度、温升速率和温差等参数的火灾探测器。感温探测器适用于火灾时产生的烟气较小,而热量增加很快的部位。它除了适用于宾馆、计算机房、地铁用电设备房外,还适用于经常存在大量烟尘、粉尘、烟雾、水蒸气的场所。感温探测器种类多,按其原理可分为**定温探测器、差温探测器、差定温探测器**三种。

一、定温探测器

定温探测器是随着环境温度的升高,达到或超过预定温度时响应的火灾探测器。

1. 双金属型定温探测器

双金属型定温探测器主要由吸热罩、双金属片及低熔点合金和电气触电等组成。双金属片是两种膨胀系数不同的金属片以及低熔点合金作为热敏感元件。在吸热罩的中部与特种螺钉用低熔点金属相焊接,特种螺钉又与顶杆相连接。如被监控现场发生火灾时,随着环境温度的升高,热敏元件双金属片渐渐向上弯曲;同时,当温度高至标定温度(70~90℃)时,低熔点合金也熔化落下,释放螺钉,于是顶杆借助于弹簧的弹力,助推双金属片接通,以此送出火警信号。

双金属型定温探测器具有结构简单可靠,误动作少的优点,其报警值在出厂时已校正好,故在安装时**不可随意改动**。

2. 缆式线型定温探测器

缆式线型定温探测器由两根相互扭绞的外包热敏绝缘材料的钢丝,塑料包带和塑料外护套等组成,其外形与一般导线相同。在正常时,两根钢丝之间的热敏绝缘材料相互绝缘,但被保护现场的缆线设备等由于短路或过载而使线路中的某部分温度升高,并达到缆式线型定温探测器的动作温度后,在温升地点的两根导线间的热敏绝缘材料的阻抗值降低,即使两根钢丝间发生阻值变化的信号,经与其连接的监视模块(也成为输入模块)转变成响应的数字信号,通过二总线传给报警控制器,发出报警信号。

特殊的模拟缆式线型感温探测器有四根导线,在电缆外面有特殊的高温度系数的绝缘材料,并接成两个探测回路。当温度升高并达到动作温度时,其探测回路的等效电阻减小,发出火警信号。

特殊的模拟缆式线型感温探测器适用于电缆沟内、电缆桥架、电缆竖井等处对电缆进行火警监测,也可用于控制室、计算机房地板下、电力变压器、生产流水线等处。

二、差温探测器

差温式探测器(图3-19)是在规定时间内,火灾引起的温度上升速率超过某个规定值时启动报警的火灾探测器。它也有线型和点型两种结构。线型差温式探测器是根据广泛的热效应而动作的,点型差温式探测器是根据局部的热效应而动作的,主要感温器件是空气膜盒、热敏半导体电阻元件等。

三、差定温探测器

机械式差定温探测器:它的温差探测部分与膜盒型基本相同,而定温探测部分与易熔金属定温探测器相同。其工作原理是：差温部分,当发生火情时,环境温升速率达到某一数值。波纹片在受热膨胀的气体作用下,压迫固定在波纹片上的弹性接触片向上移动与固定触头接触,发出报警。定温部分,当环境温度达到一定阈值时,易熔金属熔化,弹簧片弹回,也迫使弹性接触片和固定触点接触,发出报警信号。

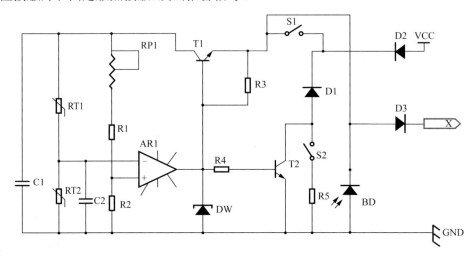

图 3-19 差温探测器工作原理图

电子式差定温探测器：它采用了三只热敏电阻 R_1、R_2 和 R_3,其特性均随着温度升高而使阻值下降。其中差温探测部分的 R_1 和 R_2 阻值相同,R_2 布置在铜外壳上,对外界温度的变化较为敏感；R_3 置在一个特制的金属罩内,对环境温度变化不敏感。当环境温度缓慢变化时,R_1 和 R_2 阻值变化相近。三极管 V_1 维持在截止状态。当发生火灾时,温度急剧上升,R_2 因直接受热,阻值迅速下降；则反应较慢,阻值下降小,点电位降低,当降低到一定值时导通,三极管也随即导通,向报警器输出火警信号。定温部分由三极管 V_2 和 R_3 组成。当温度升高至定值时。R_3 的阻值降低至动作值,使 V_2 导通,随即 V 也导通,向报警器发出火警信号。

点型感温火灾探测器的分类见表 3-1。

点型感温火灾探测器分类(单位：℃)　　　　表 3-1

探测器类别	点型应用温度	最高应用温度	动作温度下限值	动作温度上限值
A_1	25	50	54	65
A_2	25	50	54	70
B	40	65	69	85
C	55	80	84	100
D	70	95	99	115
E	85	110	114	130
F	100	125	129	145
G	115	140	144	160

第六节　火灾探测器的选择

一、根据火灾的特点选择探测器

火灾受可燃物质的类别、着火的性质、可燃物质的分布、着火场所的条件、火载荷重、新鲜空气的供给程度以及环境温度等因素的影响。一般把火灾的发生与发展分为以下四个阶段。

(1) 前期：火灾尚未形成，只出现一定量的烟，基本上未造成物质损失。
(2) 早期：火灾开始形成，烟量大增、温度上升。已开始出现火，造成较小的损失。
(3) 中期：火灾已经形成，温度很高，燃烧加速，造成了较大的物质损失。
(4) 晚期：火灾已经扩散。

根据以上对火灾特点的分析，对探测器选择如下：

感烟探测器作为前期、早期报警是非常有效的。凡是要求火灾损失小的重要地点，对火灾初期有阴燃阶段，即产生大量的烟和少量的热，很少或没有火焰辐射的火灾，如棉、麻织物的引燃等，都适于选用。

不适于选用的场所有：正常情况下有烟的场所，经常有粉尘及水蒸气等固体。液体微粒出现的场所，发火迅速、生烟极少及爆炸性场合。

离子感烟与光电感烟探测器的适用场合基本相同，但应注意它们各有不同的特点。离子感烟探测器对人眼看不到的微小颗粒同样敏感，例如人能嗅到的油漆味、烤焦味等都能引起探测器动作，甚至一些分子量大的气体分子，也会使探测器发生动作，在风速过大的场合（如大于 6m/s）将引起探测器不稳定，且其敏感元件的寿命较光电感烟探测器的短。

对于有强烈的火焰辐射而仅有少量烟和热产生的火灾。如轻金属及它们的化合物的火灾，应选用感光探测器，但不宜在火焰出现前有浓烟扩散的场所及探测器的镜头易被污染、遮挡以及受电焊、X 射线等影响的场所中使用。

感温型探测器作为火灾形成早期（早期、中期）报警非常有效。因其工作稳定，不受非火灾性烟雾汽尘等干扰，凡无法应用感烟探测器、允许产生一定的物质损失、非爆炸性的场合都可采用感温型探测器。它特别适用于经常存在大量粉尘、烟雾、水蒸气的场所及相对湿度经常高于 95% 的房间，但不宜用于有可能产生阴燃火的场所。

定温型允许温度有较大的变化，比较稳定，但火灾造成的损失较大。在 0℃ 以下的场所不宜选用。

差温型适用于火灾的早期报警，但对火灾温度迅速升高反应过慢，易造成漏报。差定温型具有差温型的优点而又比差温型更可靠。所以最好选用差定温探测器。

各种探测器都可配合使用，如感烟与感温探测器的组合，宜用于大中型计算机房、洁净厂房以及防火卷帘设施的部位等处。对于蔓延迅速、有大量的烟和热产生、有火焰辐射的火灾,如油品燃烧等,宜选用三种探测器的配合。

对火灾初期有阴燃阶段,产生大量的烟和少量的热,很少或没有火焰辐射的场所,应选择感烟探测器。

对火灾发展迅速,可产生大量热、烟和火焰辐射的场所,可选择感温探测器、感烟探测器、火焰探测器或其组合。

对火灾发展迅速,有强烈的火焰辐射和少量的烟、热的场所,应选择火焰探测器。

对火灾初期可能产生一氧化碳气体且需要早期探测的场所,宜选用一氧化碳火灾探测器。

对使用、生产或聚集可燃气体或可燃液体蒸气的场所,应选择可燃气体探测器。

对火灾形成特征不可预料的场所,可根据模拟试验的结果选择探测器。

对设有联动装置、自动灭火系统以及用单一探测器不应有效确认火灾的场合,宜采用同类型或不同类型的探测器组合。

对于需要早期发现火灾的特殊场所,可以选择高灵敏度的吸气式感烟火灾探测器,且应将该探测器的灵敏度设置为高灵敏度状态;也可根据现场实际分析早期可探测的火灾参数而选择相应的探测器。

二、根据房间高度选择探测器

房间高度,是指装设火灾探测器的安装面(顶棚或屋顶)最高点至室内地面的垂直距离。在不同高度的房间内设置火灾探测器时,应根据被保护对象发生火灾时的燃烧特征和可能出现的主要火灾参数(烟、温度、光)以及被保护场所的环境条件,确定探测器的具体型号。如被保护对象是棉、麻、木材、纸张等,在初期阴燃阶段产生大量烟雾,应考虑选用离子感烟探测器或光电感烟探测器;而锅炉房、开水间、厨房、消毒室、烘干室等场所,应选用感温探测器。由于厨房、锅炉所在的温度在正常情况下变化也比较大,故不宜选用差温式和差定温式探测器,应选用定温探测器。火灾探测器的灵敏度等级的选择,应以正常情况下不出现误报为准进行选择。

三、根据探测器灵敏度选择探测器

火灾探测器灵敏度是指探测器对火灾某参数(烟、温度、光)所能显示出的敏感程度,一般分为Ⅰ、Ⅱ、Ⅲ级,其中Ⅰ级灵敏度最高。

火灾自动报警系统的相应时间与探测器的响应时间及灵敏度有关,探测器的灵敏度越高、响应越快,报警时间越早,但受干扰的误报的可能性也就越大,报警时间与报警的真实性、误报之间存在一定关系。图书馆、设备类用房等禁烟场所要选择高灵敏度级别的探测器,而不禁烟的公共场所,一般选用灵敏性较低的探测器。

第七节 火灾自动报警系统及气体灭火系统相关计算

一、点型感温、感烟火灾探测器的保护面积和半径

感烟火灾探测器和 A1、A2、B 型感温火灾探测器的保护面积和保护半径,见表 3-2,C、D、E、F、G 型感温火灾探测器的保护面积和保护半径,应根据生产企业设计说明书确定,但不应超过表 3-2 的规定。

点型火灾探测器的保护面积和保护半径 表 3-2

火灾探测器种类	地面面积 S (m^2)	房间高度 h (m)	一只探测器的保护面积 A 和保护半径 R					
			屋顶坡度 θ					
			$\theta < 15$		$15 < \theta \leqslant 30$		$\theta > 30$	
			A (m^2)	R (m)	A (m^2)	R (m)	A (m^2)	R (m)
感烟火灾探测器	$S < 80$	$h \leqslant 12$	80	6.7	80	7.2	80	8.0
	$S > 80$	$6 < h < 12$	80	6.7	100	8.0	120	9.9
		$h \leqslant 6$	60	5.8	80	7.2	100	9.0
感温火灾探测器	$S \leqslant 30$	$h \leqslant 8$	30	4.4	30	4.9	30	5.5
	$S > 30$	$h \leqslant 8$	20	3.6	30	4.9	40	6.3

二、点型感温、感烟火灾探测器的安装间距要求

(1)感烟火灾探测器、感温火灾探测器的安装间距,应根据探测器的保护面积 A 和保护半径 R 确定。

(2)在宽度小于 3m 的内走道顶棚上设置点型探测器时,宜居中布置。感温火灾探测器的安装间距不应超过 10m;感烟火灾探测器的安装间距不应超过 15m;探测器至端墙的距离,不应大于探测器安装间距的 1/2。

(3)点型探测器至墙、梁的水平距离,不应小于 0.5m。

(4)点型探测器 0.5m 范围内,不应有遮挡物。

(5)点型探测器至空调送风口的水平距离不应小于 1.5m,并宜接近回风口安装。探测器至多孔送风顶棚孔口的水平距离不应小于 0.5m。

(6)当屋顶有热屏障时,点型感烟探测器下表面至顶棚或屋顶的距离,应符合表 3-3 的规定。

点型感烟火灾探测器下表面至屋顶或顶棚的距离　　　　表 3-3

探测器的安装高度 h（m）	点型感烟火灾探测器下表面至顶棚或屋顶的距离 d（mm）					
	顶棚或屋顶坡度 θ					
	$\theta \leq 15°$		$15° < \theta \leq 30°$		$\theta > 30°$	
	最小	最大	最小	最大	最小	最大
$h \leq 6$	30	200	200	300	300	400
$6 < h \leq 8$	70	250	250	400	400	500
$8 < h \leq 10$	100	300	300	500	500	600
$10 < h \leq 12$	150	350	350	600	600	700

三、点型感温、感烟火灾探测器的设置数量

（1）探测区域的每个房间应**至少设置一只火灾探测器**（表 3-4）。

按梁间区域面积确定一只探测器保护的梁间区域的个数　　　　表 3-4

探测器的保护面积 A（m²）	梁隔断的梁间区域面积 Q（m²）	一只探测器保护的梁间区域的个数（个）
感烟探测器 20	$Q > 12$	1
	$8 < Q \leq 12$	2
	$6 < Q \leq 8$	3
	$4 < Q \leq 6$	4
	$Q \leq 4$	5
30	$Q > 18$	1
	$12 < Q \leq 18$	2
	$9 < Q \leq 12$	3
	$6 < Q \leq 9$	4
	$Q \leq 6$	5
感烟探测器 60	$Q > 36$	1
	$24 < Q \leq 36$	2
	$18 < Q \leq 24$	3
	$12 < Q \leq 18$	4
	$Q \leq 12$	5
80	$Q > 48$	1
	$32 < Q \leq 48$	2
	$24 < Q \leq 32$	3
	$16 < Q \leq 24$	4
	$Q \leq 16$	5

（2）一个探测区域内所需设置的探测器数量,不应小于下式的计算值,即:

$$N=\frac{S}{K \cdot A} \tag{3-1}$$

式中：N——探测器数量,取整数;

S——该探测区域的面积,m^2;

A——表示探测器的保护面积;

K——修正系数,容纳人数超过 10 000 人的公共场所宜取 0.7～0.8;容纳人数为 2000～10 000 人的公共场所宜取 0.8～0.9;容纳人数为 500～2000 人的公共场所宜取 0.9～1.0;其他场所可取 1.0。

四、点型探测器布置计算案例

一个地面面积为 30m×40m 的生产车间,其屋顶坡度为 15°,房间高度为 8m,使用点型感烟探测器保护,试问应选择多少只感烟探测器?

（1）确定感烟探测器的保护面积 A 和保护半径 R。由本节第一个表可知,保护面积 $A=80m^2$;保护半径 $R=6.7m$。

（2）计算所需探测器的数量,取 $K=1$,$N=S/(K \cdot A)=15$（只）。

五、IG541 气体灭火系统相关计算

1. 泄压口面积计算

$$F_x = 1.1 \frac{Q_x}{\sqrt{P_f}} \tag{3-2}$$

式中：F_x——泄压口的面积,m^2;

Q_x——灭火剂在防护区的平均喷放速率,kg/s;

P_f——围护结构承受内压的允许压强,Pa。

2. 防护区灭火设计用量或惰化设计用量计算

$$W = K \frac{V}{S} \ln\left(\frac{100}{100-C_1}\right) \tag{3-3}$$

式中：W——灭火剂用量或惰化设计用量,kg;

C_1——灭火设计浓度或惰化设计浓度,%;

V——防护区净容积,m^3;

S——灭火剂气体在 101kPa 大气压和防护区最低环境温度下的质量体积,m^3/kg;

K——海拔高度修正系数。

3. 灭火剂气体在 101kPa 大气压和防护区最低环境温度下的质量体积计算

$$S=0.6575+0.0024T \tag{3-4}$$

式中：T——防护区最低环境温度。

4. 灭火剂储存量计算

$$W_s \geqslant 2.7V_0 + 2.0V_p \tag{3-5}$$

式中：W_s——系统灭火剂剩余量，kg；
　　　V_0——系统全部储存容器的总容积，m^3；
　　　V_p——官网的管道内容积，m^3。

5. 官网流量计算

$$Q_W = \frac{0.95W}{t} \tag{3-6}$$

$$Q_g = \sum_1^{N_g} Q_c \tag{3-7}$$

式中：Q_w——主干网平均设计流量，kg/s；
　　　t——灭火剂设计喷放时间，s；
　　　Q_g——支管平均设计流量，kg/s；
　　　N_g——安装在计算支管下游的喷头数量，个；
　　　Q_c——单个喷头的设计流量，kg/s。

6. 管网内径计算

$$D = (24 \sim 36)\sqrt{Q} \tag{3-8}$$

式中：D——管道内径，mm；
　　　Q——管道设计流量，kg/s。

第八节　火灾自动报警系统的施工、调试和验收

一、火灾自动报警系统施工

火灾自动报警系统施工前应具备下列条件：
（1）设计单位应向施工、建设、监理单位明确相应技术要求。
（2）系统设备、材料及配件齐全并能保证正常施工。
（3）施工现场及施工中使用的水、电、气应满足正常施工要求。

(4)火灾自动报警系统的施工,应按照批准的工程设计文件和施工技术标准进行施工。不得随意更改。**确需更改设计时,应由原设计单位负责更改。**

火灾自动报警系统的施工过程质量控制应符合下列规定:

(1)各工序应按施工技术标准进行质量控制,每道工序完成后,应进行检查,检查合格后方可进入下道工序。相关各专业工种之间交接时,应进行检验,并经监理工程师签证后方可进入下道工序。

(2)系统安装完成后,施工单位应按相关专业调试规定进行调试。

(3)系统调试完成后,施工单位应向建设单位提交质量控制资料和各类施工过程质量检查记录。

(4)施工过程质量检查应由监理工程师组织施工单位人员完成。

(5)火灾自动报警系统施工前,应具备系统图、设备布置平面图、接线图、安装图以及消防设备联动逻辑说明等必要的技术文件。火灾自动报警系统施工过程中,施工单位应做好施工(包括隐蔽工程验收)、检验(包括绝缘电阻、接地电阻)、调试、设计变更等相关记录。火灾自动报警系统施工过程结束后,施工方应对系统的安装质量进行全数检查。火灾自动报警系统竣工时,施工单位应完成竣工图及竣工报告。

二、火灾自动报警系统调试

(1)火灾报警控制器调试,调试前应切断火灾报警控制器的所有外部控制连线,并将任一个总线回路的火灾探测器以及该总线回路上的手动火灾报警按钮等部件连接后,方可接通电源。使控制器与探测器之间的连线断路和短路,控制器应在100s内发出故障信号(短路时发出火灾报警信号除外);在故障状态下,使任一非故障部位的探测器发出火灾报警信号,控制器应在1min内发出火灾报警信号,并应记录火灾报警时间;再使其他探测器发出火灾报警信号,检查控制器的再次报警功能;使控制器与备用电源之间的连线断路和短路,控制器应在100s内发出故障信号;使任一总线回路上不少于10只的火灾探测器同时处于火灾报警状态,检查控制器的负载功能。

(2)通过管路采样的吸气式火灾探测器调试,在采样管最末端(最不利处)采样孔加入试验烟,探测器或其控制装置应在120s内发出火灾报警信号。根据产品说明书,改变探测器的采样管路气流,使探测器处于故障状态,探测器或其控制装置应在100s内发出故障信号。

(3)手动火灾报警按钮调试,对可恢复的手动火灾报警按钮,施加适当的推力使报警按钮动作,报警按钮应发出火灾报警信号。对不可恢复的手动火灾报警按钮应采用模拟动作的方法使报警按钮发出火灾报警信号(当有备用启动零件时,可抽样进行动作试验),报警按钮应发出火灾报警信号。

(4)消防联动控制器调试,将消防联动控制器与火灾报警控制器、任一回路的输入/输出模块及该回路模块控制的受控设备相连接,切断所有受控现场设备的控制连线,接通电源。按《消防联动控制系统》(GB 16806—2006)的有关规定检查消防联动控制系统内各类用电设备的各项控制、接收反馈信号(可模拟现场设备启动信号)和显示功能。消防联动控制器与各模块之间的连线断路和短路时,消防联动控制器能在100s内发出故障信号。消防联动控制器与备用电源之间的连线断路和短路时,消防联动控制器应能在100s内发出故障信号。使至少50个输入/输出模块同时处于动作状态(模块总数少于50个时,使所有模块动作),检查消防联动控制器的最大负载功能。按设计的联动逻辑关系,使相应的火灾探测器发出火灾报警信号,检查消防联动控制器接收火灾报警信号情况、发出联动信号情况、模块动作情况、受控设备的动作情况、受控现场设备动作情况、接收反馈信号(对于启动后不能恢复的受控现场设备,可模拟现场设备启动反馈信号)及各种显示情况。

(5)区域显示器(火灾显示盘)调试,区域显示器(火灾显示盘)能否在3s内正确接收和显示火灾报警控制器发出的火灾报警信号。对于非火灾报警控制器供电的区域显示器(火灾显示盘),应检查主、备电源的自动转换功能和故障报警功能。

(6)可燃气体报警控制器调试,切断可燃气体报警控制器的所有外部控制连线,将任一回路与控制器相连接后,接通电源。控制器与探测器之间的连线断路和短路时,控制器应在100s内发出故障信号。在故障状态下,使任一非故障探测器发出报警信号,控制器应在1min内发出报警信号,并应记录报警时间;再使其他探测器发出报警信号,检查控制器的再次报警功能。控制器最大负载功能,使至少4只可燃气体探测器同时处于报警状态(探测器总数少于4只时,使所有探测器均处于报警状态)。

(7)可燃气体探测器调试,依次逐个将可燃气体探测器按产品生产企业提供的调试方法使其正常动作,探测器应发出报警信号。对探测器施加达到响应浓度值的可燃气体标准样气,探测器应在30s内响应。撤去可燃气体,探测器应在60s内恢复到正常监视状态。对于线型可燃气体探测器除符合本节规定外,尚应将发射器发出的光全部遮挡,探测器相应的控制装置应在100s内发出故障信号。

(8)消防电话调试,在消防控制室与所有消防电话、电话插孔之间互相呼叫与通话,总机应能显示每部分机或电话插孔的位置,呼叫铃声和通话语音应清晰。消防控制室的外线电话与另外一部外线电话模拟报警电话通话,语音应清晰。检查群呼、录音等功能,各项功能均应符合要求。

(9)消防设备应急电源调试,切断应急电源应急输出时直接启动设备的连线,接通应急电源的主电源。手动启动应急电源输出,应急电源的主电和备用电源应不能同时输出,且应在5s内完成应急转换;断开应急电源的主电源,应急电源应能发出声提示信号,声信号应能手动消除;接通主电源,应急电源应恢复到主电工作状态;给具有联动自动控制功能的应急电源输入联动启动信号,应急电源应在5s内转入到应急工作状态,且主电源和备用电源应不能同时输出;输入联动停止信号,应急电源应恢复到主电工作状态;具有手动和自动控制功能的应急电源处于自动控制状态,然后手动插入操作,应急电源应有手动插入优先功能,且应有自动控制状态和手动控制状态指示。断开应急电源的负载,按下述要求检查应急电源的保护功能,并做好记录。使任一输出回路保护动作,其他回路输出电压应正常;将应急电源接上等效于满负载的模拟负载,使其处于应急工作状态,应急工作时间应大于设计应急工作时间的1.5倍,且不小于产品标称的应急工作时间。使应急电源充电回路与电池之间、电池与电池之间连线断线,应急电源应在100s内发出声、光故障信号,声故障信号应能手动消除。

(10)消防控制中心图型显示装置调试,将消防控制中心图型显示装置与火灾报警控制器和消防联动控制器相连,接通电源。使火灾报警控制器和消防联动控制器分别发出火灾报警信号和联动控制信号,显示装置应在3s内接收,准确显示相应信号的物理位置,并能优先显示火灾报警信号相对应的界面。使具有多个报警平面图的显示装置处于多报警平面显示状态,各报警平面应能自动和手动查询,并应有总数显示,且应能手动插入使其立即显示首火警相应的报警平面图。使显示装置显示故障或联动平面,输入火灾报警信号,显示装置应能立即转入火灾报警平面的显示。

三、火灾自动报警系统验收

对系统中下列装置的安装位置、施工质量和功能等进行验收。

(1)火灾自动报警系统装置(包括各种火灾探测器、手动火灾报警按钮、火灾报警控制器和区域显示器等)。

(2)消防联动控制系统(含消防联动控制器、气体灭火控制器、消防电气控制装置、消防设备应急电源、消防应急广播设备、消防电话、传输设备、消防控制中心图形显示装置、模块、消防电动装置、消火栓按钮等设备)。

(3)自动灭火系统控制装置(包括自动喷水、气体、干粉、泡沫等固定灭火系统的控制装置)。

(4)消火栓系统的控制装置。

(5)通风空调、防烟排烟及电动防火阀等控制装置。

(6)电动防火门控制装置、防火卷帘控制器。

(7)消防电梯和非消防电梯的回降控制装置。

(8)火灾警报装置。

(9)火灾应急照明和疏散指示控制装置。

(10)切断非消防电源的控制装置。

(11)电动阀控制装置。

(12)消防联网通信。

(13)系统内的其他消防控制装置。

第九节 火灾自动报警系统的相关规定

一、基本规定

(一)一般规定

(1)火灾自动报警系统可用于人员居住和经常有人滞留的场所、存放重要物资或燃烧后产生严重污染需要及时报警的场所。

(2)火灾自动报警系统应设有**自动和手动**两种触发装置。

(3)火灾自动报警系统设备应选择符合国家有关标准和有关市场准入制度的产品。

(4)系统中各类设备之间的接口和通信协议的兼容性应符合现行《火灾自动报警系统组件兼容性要求》(GB 22134—2008)的有关规定。

(5)任一台火灾报警控制器所连接的火灾探测器、手动火灾报警按钮和模块等设备总数和地址总数,均不应超过 3200 点,其中每一总线回路连接设备的总数不宜超过 200 点,且应留有不少于额定容量 10% 的余量;任一台消防联动控制器地址总数或火灾报警控制器(联动型)所控制的各类模块总数不应超过 1600 点,每一联动总线回路连接设备的总数不宜超过 100 点,且应留有不少于额定容量 10% 的余量。

(6)系统总结上应设置总线短路隔离器,每只总结短路隔离器保护的火灾探测器、手动火灾报警按钮和模块等消防设备的总数不应超过 32 点。总结穿越防火分区时,应在穿越处设置总结短路隔离器。

(7)高度超过 100m 的建筑中,除消防控制室内设置的控制器外,每台控制器直接控制的火灾探测器、手动报警按钮和模块等设备不应跨越避难层。

(8)水泵控制柜、风机控制柜等消防电气控制装置不应采用变频启动方式。

(9)地铁列车设置的火灾自动报警系统,应能通过无线网络等方式将列车上发生火灾的部位信息传输给消防控制室。

(二)消防控制室

(1)具有消防联动功能的火灾自动报警系统的保护对象中应设置消防控制室。

(2)消防控制室内设置的消防设备应包括火灾报警控制器、消防联动控制器、消防控制室图形显示装置、消防专用电话总机、消防应急广播控制装置、消防应急照明和疏散指示系统控制装置、消防电源监控器等设备或具有相应功能的组合设备。消防控制室内设置的消防控制室图形显示装置应能显示建筑物内设置的全部消防系统及相关设备的动态信息和本消防安全管理信息,并应为远程监控系统预留接线,同时应具有向远程监控系统传输的有关信息的功能。

(3)消防控制室应设有用于火灾报警的外线电话。

(4)消防控制室应有相应的竣工图纸、各分系统控制逻辑关系说明、设备使用说明书、系统操作规程、应急预案、值班制度、维护保养制度及值班记录等文件资料。

(5)消防控制室送、回风管的穿墙处应设防火阀。

(6)消防控制室内严禁穿过与消防设施无关的电气线路及管路。

(7)消防控制室不应设置在电磁场干扰较强及其他影响消防控制室设备工作的设备用房附近。

(8)消防控制室内设备的布置应符合下列规定:

①设备面盘前的操作距离,单列布置时不应小于5m;双列布置时不应小于21m。

②在值班人员经常工作的一面,设备面盘至墙的距离不应小于3m。

③设备面盘后的维修距离不宜小于1m。

④设备面盘的排列长度大于4m时,其两端应设置宽度不小于1m的通道。

⑤与建筑其他弱电系统合用的消防控制室内,消防设备应集中设置,并应与其他设备间有明显间隔。

(9)消防控制室的显示与控制,应符合现行国家标准《消防控制室通用技术要求》(GB 25506—2010)的有关规定。

(10)消防控制室的信息记录、信息传输,应符合现行国家标准《消防控制室通用技术要求》(GB 25506—2010)的有关规定。

二、消防联动控制规定

(一)一般规定

(1)消防联动控制器应能按设定的控制逻辑向各相关的受控设备发出联动控制信号,并接受相关设备的联动反馈信号。

(2)消防联动控制器的电压控制输出应采用直流24V,其电源容量应满足受控消防设备同时启动且维持工作的控制容量要求。

(3)各受控设备接口的特性参数应与消防联动控制器发出的联动控制信号相匹配。

(4)消防水泵、防烟和排烟风机的控制设备,除应采用联动控制方式外,还应在消防控制室设置手动直接控制装置。

(5)启动电流较大的消防设备宜分时启动。

(6)需要火灾自动报警系统联动控制的消防设备,其联动触发信号应采用两个独立的报警触发装置报警信号的**"与"逻辑**组合。

(二)自动喷水灭火系统的联动控制

(1)湿式系统和干式系统的联动控制设计,应符合下列规定:

①**联动控制方式**,应由湿式报警阀压力开关的动作信号作为触发信号,直接控制启动喷淋消防泵,联动控制不应受消防联动控制器处于自动或手动状态影响。

②**手动控制方式**,应将喷淋消防泵控制箱(柜)的启动、停止按钮用专用线路直接连接至设置在消防控制室内的消防联动控制器的手动控制盘,直接手动控制喷淋消防泵的启动、停止。

③水流指示器、信号阀、压力开关、喷淋消防泵的启动和停止的动作信号应反馈至消防联动控制器。

(2)预作用系统的联动控制设计,应符合下列规定:

①联动控制方式,应由同一报警区域内两只及以上独立的感烟火灾探测器或一只感烟火灾探测器与一只手动火灾报警按钮的报警信号,作为预作用阀组开启的联动触发信号。由消防联动控制器控制预作用阀组的开启,使系统转变为湿式系统;当系统设有快速排气装置时,应联动控制排气阀前的电动阀的开启。

②手动控制方式,应将喷淋消防泵控制箱(柜)的启动和停止按钮、预作用阀组和快速排气阀入口前的电动阀的启动和停止按钮,用专用线路直接连接至设置在消防控制室内的消防联动控制器的手动控制盘,直接手动控制喷淋消防泵的启动、停止及预作用阀组和电动阀的开启。

③水流指示器、信号阀、压力开关、喷淋消防泵的启动和停止的动作信号,有压气体管道气压状态信号和快速排气阀入口前电动阀的动作信号应反馈至消防联动控制器。

(3)雨淋系统的联动控制设计,应符合下列规定:

①联动控制方式,应由同一报警区域内两只及以上独立的感温火灾探测器或一只感温火灾探测器与一只手动火灾报警按钮的报警信号,作为雨淋阀组开启的联动触发信号。应由消防联动控制器控制雨淋阀组的开启。

②手动控制方式,应将雨淋消防泵控制箱(柜)的启动和停止按钮、雨淋阀组的启动和停止按钮,用专用线路直接连接至设置在消防控制室内的消防联动控制器的手动控制盘,直接手动控制雨淋消防泵的启动、停止及雨淋阀组的开启。

③水流指示器,压力开关,雨淋阀组、雨淋消防泵的启动和停止的动作信号应反馈至消防联动控制器。

(4)自动控制的水幕系统的联动控制设计,应符合下列规定:

①联动控制方式,当联动控制的水幕系统用于防火卷帘的保护时,应由防火卷帘下落到楼板面的动作信号与本报警区域内任一火灾探测器或手动火灾报警按钮的报警信号作为水幕阀组启动的联动触发信号,并应由消防联动控制器联动控制水幕系统相关控制阀组的启动;仅用水幕系统作为防火分隔时,应由该报警区域内两只独立的感温火灾探测器的火灾报警信号作为水幕阀组启动的联动触发信号,并应由消防联动控制器联动控制水幕系统相关

控制阀组的启动。

②手动控制方式,应将水幕系统相关控制阀组和消防泵控制箱(柜)的启动、停止按钮用专用线路直接连接至设置在消防控制室内的消防联动控制器的手动控制盘,并应直接手动控制消防泵的启动、停止及水幕系统相关控制阀组的开启。

③压力开关、水幕系统相关控制阀组和消防泵的启动、停止的动作信号,应反馈至消防联动控制器。

(三)防烟排烟系统的联动控制

(1)防烟系统的联动控制方式应符合下列规定:

①应由加压送风口所在防火分区内的**两只独立的火灾探测器或一只火灾探测器与一只手动火灾报警按钮的报警信号**,作为送风口开启和加压送风机启动的联动触发信号,并应由消防联动控制器联动控制相关层前室等需要加压送风场所的加压送风机开启和加压送风机启动。

②应由同一防烟分区内且位于电动挡烟垂壁附近的两只独立的感烟火灾探测器的报警信号,作为电动挡烟垂壁降落的联动触发信号,并应由消防联动控制器联动控制电动挡烟垂壁的降落。

(2)排烟系统的联动控制方式应符合下列规定:

①应由同一防烟分区内的两只独立的火灾探测器的报警信号,作为排烟口、排烟窗或排烟阀开启的联动触发信号,并应由消防联动控制器联动控制排烟口、排烟窗或排烟阀的开启,同时停止该防烟分区的空气调节系统。

②应由排烟口、排烟窗或排烟阀开启的动作信号,作为排烟风机启动的联动触发信号,并应由消防联动控制器联动控制排烟风机的启动。

(3)防烟系统、排烟系统的手动控制方式,应能在消防控制室内的消防联动控制器上手动控制送风口、电动挡烟垂壁、排烟口、排烟窗、排烟阀的开启或关闭及防烟风机、排烟风机等设备的启动或停止,防烟、排烟风机的启动、停止按钮应采用专用线路直接连接至设置在消防制室内的消防联动控制器的手动控制盘,并应直接手动控制防烟、排烟风机的启动、停止。

(4)送风口、排烟口、排烟窗或排烟阀开启和关闭的动作信号,防烟、排烟风机启动和停止及电动防火阀关闭的动作信号,均应反馈至消防联动控制器。

(5)排烟风机入口处的总管上设置的280℃排烟防火阀在关闭后应直接联动控制风机停止,排烟防火阀及风机的动作信号应反馈至消防联动控制器。

三、系统设备的设置

(一)火灾报警控制器和消防联动控制器

(1)火灾报警控制器和消防联动控制器,应设置在**消防控制室内或有人值班的房间和**

场所。

(2)火灾报警控制器和消防联动控制器安装在墙上时,其主显示屏高度宜为1.5～1.8m,其靠近门轴的侧面距墙不应小于0.5m,正面操作距离不应小于1.2m。

(3)集中报警系统和控制中心报警系统中的区域火灾报警控制器在满足下列条件时,**可设置在无人值班的场所**：

①本区域内无需要手动控制的消防联动设备。

②本火灾报警控制器的所有信息在集中火灾报警控制器均有显示,且能接收起集中控制功能的火灾报警控制器的联动控制信号,并自动启动相应的消防设备。

③设置的场所只有值班人员可以进入。

(二)手动火灾报警按钮

(1)**每个防火分区应至少设置一只手动火灾报警按钮,从一个防火分区内的任何位置到最邻近的手动火灾报警按钮的步行距离不应大于30m**。手动火灾报警按钮宜设置在疏散通道或出入口处。列车上设置的手动火灾报警按钮,应设置在每节车厢的出入口和中间部位。

(2)手动火灾报警按钮应设置在明显和便于操作的部位。当采用壁挂方式安装时,其底边距地高度宜为1.3～1.5m,且应有明显的标志。

(三)区域显示器

(1)每个报警区域宜设置一台区域显示器(火灾显示盘);宾馆、饭店等场所应在每个报警区域设置一台区域显示器。当一个报警区域包括多个楼层时,宜在每个楼层设置一台仅显示本楼层的区域显示器。

(2)区域显示器应设置在出入口等明显和便于操作的部位。当采用壁挂方式安装时,其底边距地高度宜为1.3～1.5m。

(四)火灾警报器

(1)火灾警报器应设置在每个楼层的楼梯口、消防电梯前室、建筑内部拐角等处的明显部位,且不宜与安全出口指示标志灯具设置在同一面墙上。

(2)每个报警区域内应均匀设置火灾警报器,其声压级**不应小于60dB**;在环境噪声大于60dB的场所,其声压级应高于背景噪声15dB。

(3)火灾警报器采用壁挂方式安装时,其底边距地面高度应大于2.2m。

(五)消防电话

(1)消防专用电话网络应为独立的消防通信系统。

(2)消防控制室应设置消防专用电话总机。

(3)多线制消防专用电话系统中的每个电话分机应与总机单独连接。

(4)电话分机或电话插孔的设置,应符合下列规定:

①消防水泵房、发电机房、配变电室、计算机网络机房、主要通风和空调机房、防排烟机房、灭火控制系统操作装置处或控制室、企业消防站、消防值班室、总调度室、消防电梯机房及其他与消防联动控制有关的经常有人值班的机房应设置消防专用电话分机。消防专用电话分机,应固定安装在明显且便于使用的部位,并应有别于普通电话的标识。

②设有手动火灾报警按钮或消火栓按钮等处,宜设置电话插孔,并宜选择带有电话插孔的手动火灾报警按钮。

③各避难层应每隔20m设置一个消防专用电话分机或电话插孔。

④电话插孔在墙上安装时,其底边距地面高度宜为1.3～1.5m。

(5)消防控制室、消防值班室或企业消防站等处,应设置可直接报警的外线电话。

(六)模块

(1)每个报警区域内的模块宜相对集中设置在本报警区域内的金属模块箱中。

(2)模块严禁设置在配电(控制)柜(箱)内。

(3)本报警区域内的模块不应控制其他报警区域的设备。

(4)**未集中设置的模块附近应有尺寸不小于100mm×100mm的标识**。

(七)图形显示装置

(1)消防控制室图形显示装置应设置在消防控制室内,并应符合火灾报警控制器的安装设置要求。

(2)消防控制室图形显示装置与火灾报警控制器、消防联动控制器、电气火灾监控器、可燃气体报警控制器等消防设备之间,应采用专用线路连接。

四、系统供电

(一)一般规定

(1)火灾自动报警系统应设置**交流电源和蓄电池备用电源**。

(2)火灾自动报警系统的交流电源应采用消防电源,备用电源可采用火灾报警控制器和消防联动控制器向带的蓄电池电源或消防设备应急电源。当备用电源采用消防设备应急电源时,火灾报警控制器和消防联动控制器应采用单独的供电回路,并应保证在系统处于最大负载状态下不影响火灾报警控制器和消防联动控制器的正常工作。

(3)消防控制室图形显示装置、消防通信设备等的电源,宜由UPS电源装置或消防设备应急电源供电。

(4)火灾自动报警系统主电源不应设置剩余电流动作保护和过负荷保护装置。

(5)消防设备应急电源输出功率应大于火灾自动报警及联动控制系统全负荷功率的120%,蓄电池组的容量应保证火灾自动报警及联动控制系统在**火灾状态同时工作负荷条件下连续工作 3h 以上**。

(6)消防用电设备应采用专用的供电回路,其配电设备应设有明显标志。其配电线路和控制间路宜按防火分区划分。

（二）系统接地

(1)火灾自动报警系统接地装置的接地电阻值应符合下列规定:

①**采用共用接地装置时,接地电阻值不应大于 1Ω。**

②**采用专用接地装置时,接地电阻值不应大于 4Ω。**

(2)消防控制室内的电气和电子设备的金属外壳、机柜、机架和金属管、槽等,应采用等电位连接。

(3)由消防控制室接地板引至各消防电子设备的专用接地线应选用铜芯绝缘导线,其线芯截面面积不应小于 $4mm^2$。

(4)消防控制室接地板与建筑接地体之间,应采用线芯截面面积不小于 $25mm^2$ 的铜芯绝缘导线连接。

第四章　火灾自动报警系统的子系统

> **岗位应知应会**
>
> 1. 了解电气火灾监控系统、可燃气体探测系统、吸气式烟雾探测报警系统、智能疏散系统、线型感温火灾探测系统的基本工作原理。
> 2. 掌握火灾自动报警系统子系统的主要分类。
> 3. 掌握各个子系统的基本构成、工作原理，了解各个子系统的工作职责。
>
> **重难点**
>
> 重点：掌握火灾自动报警系统的组成、工作原理、分类。火灾自动报警系统主机是消防系统的大脑，是全书最重要的知识点。
>
> 难点：火灾探测器的选型。火灾自动报警及气体灭火系统的相关计算。

第一节　电气火灾监控系统

电气火灾监控系统由电气火灾监控器、电气火灾监控探测器和火灾声警报器组成，能在电气线路、该线路中的配电设备或用电设备发生电气故障并产生一定电气火灾隐患的条件下发出警报，提醒工作人员排除电气火灾隐患，实现电气火灾的早期预防功能，避免电气火灾系统发生。

一、系统分类

（一）电气火灾监控探测器的分类

1. 电气火灾监控探测器按工作方式分类

（1）独立式电气火灾监控探测器，即可以自成系统，不需要配接电气火灾监控设备。

（2）非独立式电气火灾监控探测器，即自身不具有报警功能，需要配接电气火灾监控设备组成系统。

2. 电气火灾监控探测器按工作原理分类

（1）剩余电流保护式电气火灾监控探测器，即当被保护线路的相线直接或通过非预期负载对大地接通，而产生近似正弦波形且其有效值呈缓慢变化的剩余电流，当该电流大于预定值时即自动报警的电气火灾监控探测器。

(2)测温式(过热保护式)电气火灾监控探测器,即当被保护线路的温度高于预定数值时,自动报警的电气火灾监控探测器。

(3)故障电弧式电气火灾监控探测器,即当被保护线路上发生故障电弧时,发出报警信号的电气火灾监控探测器。

(二)电气火灾监控设备的分类

电气火灾监控设备按系统连线方式分为:

(1)多线制电气火灾监控设备,即采用多线制方式与电气火灾监控探测器连接。

(2)总线制电气火灾监控设备,即采用总线(一般为2~4根)方式与电气火灾监控探测器连接。

二、系统适用场所

电气火灾监控系统适用于不能中断供电且具有电气火灾危险的场所,如变电站、地铁车站等。

三、系统组成

电气火灾监控系统是火灾自动报警系统的独立子系统,属于火灾预警系统。电气火灾监控系统的组成如图4-1所示。

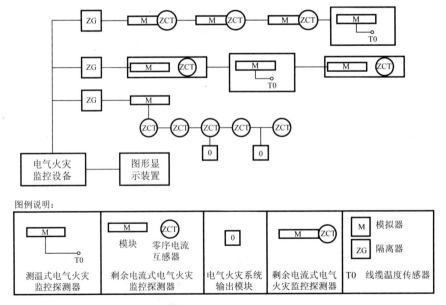

图4-1 电气火灾监控系统的组成示意图

(一)电气火灾监控器

电气火灾监控器用于为所连接的电气火灾监控探测器供电,能接收来自电气火灾监控探测器的报警信号,发出声、光报警信号和控制信号,指示报警部位,记录并保存报警信息的装置。

(二)电气火灾监控探测器

电气火灾监控探测器是能够对保护线路中的剩余电流、温度等电气故障参数响应,自动产生报警信号并向电气火灾监控器传输报警信号的器件。

四、系统工作原理

发生电气故障时,电气火灾监控探测器将保护线路中的剩余电流、温度等电气故障参数信息转变为电信号,经数据处理后,探测器做出报警判断,将报警信息传输到电气火灾监控器。电气火灾监控器在接收到探测器的报警信息后,经确认判断,显示电气故障报警探测器的部位信息,记录探测器报警的时间,同时驱动安装在保护区域现场的声光报警装置,发出声光警报,警示工作人员采取相应的处理措施,排除电气故障、消除电气火灾隐患,从而防止电气火灾的发生。电气火灾监控系统的工作原理图如图 4-2 所示。

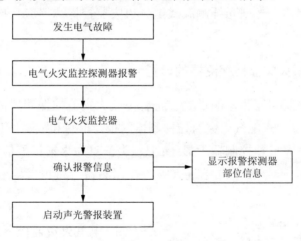

图 4-2 电气火灾监控系统的工作原理图

五、系统设计

电气火灾监控系统是一个独立的子系统。电气火灾监控探测器应接入电气火灾监控器,不应直接接入火灾报警控制器的探测器回路。

当电气火灾监控系统接入火灾自动报警系统中时,应由电气火灾监控器将报警信号传输至消防控制室的图形显示装置或者集中火灾报警控制器上,但其显示应与火灾报警信息有区别;在无消防控制室且电气火灾监控探测器设置数量不超过 8 个时,可采用独立式电气火灾监控探测器。

(一)剩余电流式电气火灾监控探测器的设置

剩余电流式电气火灾监控探测器应以设置在低压配电系统首端为基本原则,宜设置在第一级配电柜(箱)的出线端。在供电线路泄漏电流大于 5 300mA 时,宜在其下一级配电柜(箱)上设置。

剩余电流式电气火灾监控探测器不宜设置在 IT 系统的配电线路和消防配电线路中。选择剩余电流式电气火灾监控探测器时,应考虑供电系统自然漏流的影响,并选择参数合适的探测器;探测器报警值宜为 300～500mA。具有探测线路故障电弧功能的电气火灾监控探测器,其保护线路的长度不宜大于 100m。

(二)测温式电气火灾监控探测器的设置

测温式电气火灾监控探测器应设置在电缆接头、端子、重点发热部件等部位。保护对象为 1000V 及以下的配电线路,测温式电气火灾监控探测器应采用接触式设置。保护对象为 1000V 以上的供电线路,测温式电气火灾监控探测器宜选择光栅光纤测温式或红外测温式电气火灾监控探测器。光栅光纤测温式电气火灾监控探测器应直接设置在保护对象的表面。

(三)独立式电气火灾监控探测器的设置

独立式电气火灾监控探测器的设置应符合电气火灾监控探测器的设置要求。设有火灾自动报警系统时,独立式电气火灾监控探测器的报警信息和故障信息应在消防控制室图形显示装置或集中火灾报警控制器上显示;但该类信息与火灾报警信息的显示应有区别。未设火灾自动报警系统时,独立式电气火灾监控探测器应将报警信号传至有人员值班的场所。

(四)电气火灾监控器的设置

设有消防控制室时,电气火灾监控器应设置在消防控制室内或保护区域附近;设置在保护区域附近时,应将报警信息和故障信息传入消防控制室。未设消防控制室时,电气火灾监控器设置在有人员值班的场所(图 4-3～图 4-5)。

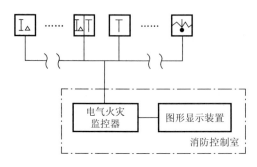

图 4-3 电气火灾监控系统示意图一

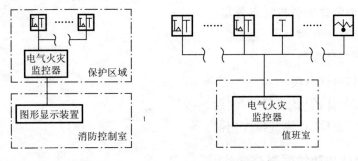

图 4-4 电气火灾监控系统示意图二　　图 4-5 电气火灾监控系统示意图三

第二节　可燃气体探测器

可燃气体探测报警系统是由可燃气体报警控制器、可燃气体探测器组成,能够在保护区域内泄漏可燃气体的浓度低于爆炸下限的条件下提前报警,从而预防由于可燃气体泄漏引起火灾爆炸事故的发生。

一、系统分类及适用场所

根据探测器探测气体类型的不同以及系统使用场所的不同,可对可燃气体探测报警系统进行如下分类。

（一）可燃气体探测器分类

现有可燃气体探测器主要有 7 个品种:测量范围为 0～100%LEL（爆炸下限）的点型可燃气体探测器;测量范围为 0～100%LEL（爆炸下限）的独立式可燃气体探测器;测量范围为 0～100%LEL（爆炸下限）的便携式可燃气体探测器;人工测量煤气的点型可燃气体探测器;人工测量煤气的独立式可燃气体探测器;人工测量煤气的便携式可燃气体探测器;线型可燃气体探测器。

上述 7 种可燃气体探测器又可按不同特性进行分类。

1. 按防爆要求分类

（1）防爆型可燃气体探测器。

（2）非防爆型可燃气体探测器。

2. 按使用方式分类

（1）固定式可燃气体探测器。

（2）便携式可燃气体探测器。

3.按探测可燃气体的分布特点分类

(1)点型可燃气体探测器。

(2)线型可燃气体探测器。

4.按探测气体特性分类

(1)探测爆炸气体的可燃气体探测器。

(2)探测有毒气体的可燃气体探测器。

(二)可燃气体报警控制器分类

可燃气体报警控制器按系统连线方式分为:

(1)多线制可燃气体报警控制器。采用多线制方式与可燃气体报警控制器连接。

(2)总线制可燃气体报警控制器。采用总线(一般为2~4根)方式与可燃气体探测器连接。

(三)系统使用场所

可燃气体探测器报警系统适用于使用、生产或聚集可燃气体或可燃液体蒸汽场所可燃气体浓度的探测,在泄漏或聚集可燃气体浓度达到爆炸下限前发出报警信号,警示工作人员排除火灾、爆炸隐患,实现火灾的早期预防,避免火灾、爆炸事故的发生。

二、系统组成及工作原理

可燃气体探测报警系统的组成示意图如图4-6所示。

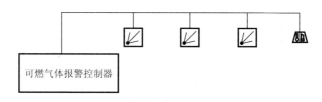

图4-6 可燃气体探测报警系统的组成示意图

(一)可燃气体报警控制器

可燃气体报警控制器用于为所连接的可燃气体探测器供电,接收来自可燃气体探测器的报警信号,发出声、光报警信号和控制信号,指示报警部位,记录并保存报警信息的装置。

(二)可燃气体探测器

可燃气体探测器是能对泄漏可燃气体响应,自动产生报警信号并向可燃气体报警控制器传输报警信号及泄漏可燃气体浓度信息的器件。

（三）系统工作原理

发生可燃气体泄漏时，安装在保护区域现场的可燃气体探测器，将泄漏可燃气体的浓度参数转变为电信号，经数据处理后，将可燃气体浓度参数信息传输至可燃气体报警控制器；或直接由可燃气体探测器做出泄漏可燃气体浓度超限报警判断，将报警信息传输到可燃气体报警控制器。可燃气体报警控制器在接收到探测器的可燃气体浓度参数信息或报警信息后，经确认判断，显示泄漏报警探测器的部位并发出泄漏可燃气体浓度信息，记录探测器报警的时间，同时驱动安装在保护区域现场的声光警报装置，发出声光警报，警示工作人员采取相应的处置措施；必要时可以控制并关断燃气的阀门，防止燃气的进一步泄漏。可燃气体探测报警系统的工作原理图如图 4-7 所示。

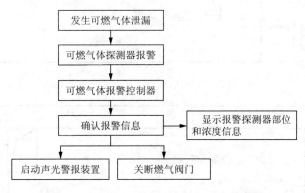

图 4-7　可燃气体探测报警系统的工作原理图

三、系统设计

可燃气体探测报警系统是一个独立的子系统，属于火灾预警系统，应独立组成。可燃气体探测器应接入可燃气体报警控制器，不应直接接入火灾报警控制器的探测器回路。

由可燃气体报警控制器将报警信号传输至消防控制室的图形显示装置或集中火灾报警控制器，但其显示应与火灾报警信息有区别；石化行业涉及过程控制的可燃气体探测器，可接入 DCS 等生产控制系统，但其报警信号应接入消防控制室。

（一）可燃气体探测器的设置

探测气体密度小于空气密度的可燃气体探测器应设置在被保护空间的顶部；探测气体密度大于空气密度的可燃气体探测器应设置在被保护空间的下部；探测气体密度与空气密度相当时，可燃气体探测器可设置在被保护空间的中间部位或顶部。

可燃气体探测器宜设置在可能产生可燃气体的部位附近。点型可燃气体探测器的保护半径，应符合现行《石油化工可燃气体和有毒气体检测报警设计规范》（GB 50493—2009）的有关规定。线型可燃气体探测器的保护区域长度不宜大于 60m。

(二)可燃气体报警控制器的设置

当有消防控制室时,可燃气体报警控制器可设置在保护区域附近;当无消防控制室时,可燃气体报警控制器应设置在有人员值班的场所。可燃气体报警控制器的设置应符合火灾报警控制器的安装设置要求(图4-8～图4-11)。

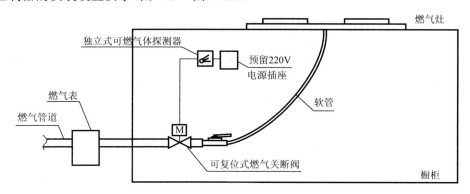

图4-8 可燃气体探测报警系统在橱柜中安装示意图

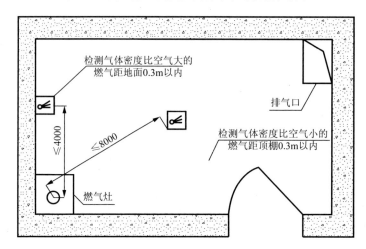

图4-9 可燃气体探测报警系统安装位置示意图一(尺寸单位:mm)

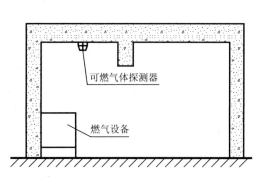

图4-10 可燃气体探测报警系统安装位置示意图二

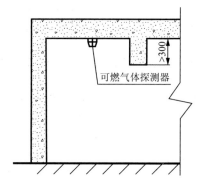

图4-11 可燃气体探测报警系统安装位置示意图三(尺寸单位:mm)

第三节 吸气式烟雾探测火灾自动报警系统

吸气式烟雾探测火灾自动报警系统是由空气采样管网、火灾报警装置及显示控制单元组成,通过分布在探测区域的采样管网上的采样孔,将空气样品抽吸到探测报警器内进行分析,并显示出所保护区域的烟雾浓度和报警、故障状态的系统。

一、吸气式烟雾探测器分类

吸气式烟雾探测器按功能应分为两类:
(1)吸气式烟雾探测报警器。除具有烟雾探测功能外,还具有复位、消声、自检等功能,可以独立使用,可对报警信号进行本地或远程输出。
(2)吸气式烟雾探测器。只具有烟雾探测功能,不具有复位、消声、自检等功能,不能脱离消防报警控制器而独立使用,所有对探测器的操作均要通过消防报警控制器来完成。

二、适用场所

(1)具有高速气流的场所,点型感烟、感温火灾探测器不适宜大空间、舞台上方、建筑高度超过12m或有特殊要求的场所;低温场所;需要进行隐蔽探测的场所;需要进行火灾早期探测的重要场所;人员不宜进入的场所。
(2)灰尘比较大的场所,不应选择没有过滤网和管路自动清洁功能的管路采样式吸气感烟火灾探测器。

三、系统组成及工作原理

吸气式烟雾探测火灾自动报警系统是火灾自动报警系统的子系统,属于火灾预警系统。

吸气式烟雾探测器(图4-12)通常由吸气泵、过滤器、探测腔、主电路板、多级报警显示灯、编程显示模块等部分组成。探测器主机通过抽气扇的工作,把防护区域内的空气样本从采样点吸入采样管网中,当空气样本到达探测主机后,探测主机把空气样本传输到探测腔进行分析,通过

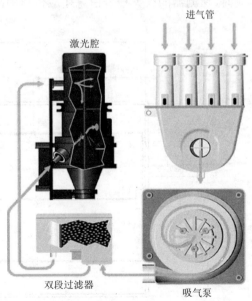

图4-12 吸气式烟雾探测器的工作原理图

主控电路板把探测结果传输到报警显示模块或编程显示模块上。

四、系统设计

管路采样式吸气式烟感火灾探测器的设置如下：

(1)非高灵敏型探测器的采样管网安装高度不应超过16m；高灵敏型探测器的采样管网安装高度可超过16m；采样管网安装高度超过16m时，灵敏度可调的探测器应设置为高灵敏度，且应减小采样管长度和采样孔数量。

(2)探测器的每个采样孔的保护面积、半径，应符合点型感烟火灾探测器的保护面积、保护半径的要求。

(3)一个探测单元的采样管总长不宜超过200m。单管长度不宜超过100m，同一根采样管不应穿越防火分区。采样孔总数不宜超过100个，单管上的采样孔数量不宜超过25个。

(4)当采样管道采用毛细管布置方式时，毛细管长度不宜超过4m。

(5)吸气管路和采样孔应有明显的火灾探测器标识。

(6)在设置过梁、空间支架的建筑中，采样管路应固定在过梁、空间支架上。

(7)采样管道布置形式为垂直采样时，每2℃温差间隔或3m间隔（取最小者）应设置一个采样孔，采样孔不应背对气流方向。

(8)采样管网应按确认的设计软件或方法进行设计。

(9)探测器的火灾报警信号、故障信号等信息应传给火灾报警控制器，涉及消防联动控制时，探测器的火灾报警信息还应传给消防联动控制器（图4-13～图4-16）。

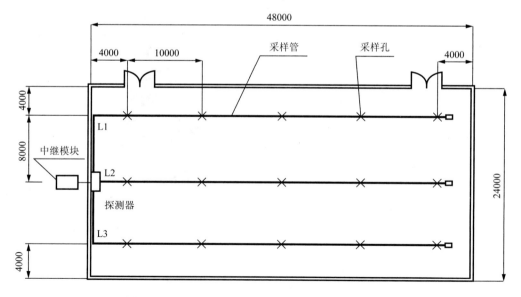

图4-13 吸气式烟雾探测器的设置方案一（尺寸单位：mm）

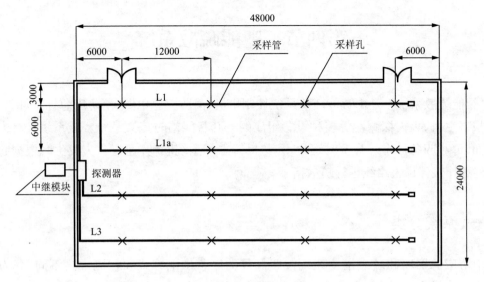

图 4-14 吸气式烟雾探测器的设置方案二(尺寸单位:mm)

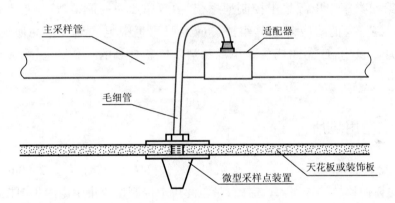

图 4-15 吸气式烟雾探测器采样管的设置

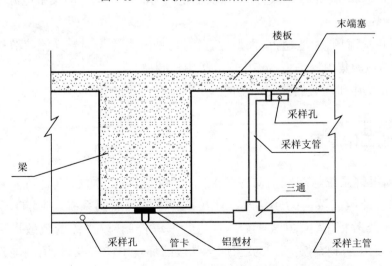

图 4-16 梁下吸气式烟雾探测器采样管的设置

第四节　智能疏散系统

"智能疏散系统"是由智能疏散系统控制主机、消防应急电源、消防应急标志灯具、消防火灾报警主机、火灾探测器等多种设备组成的一套智能消防疏散系统。该系统具有人机交互界面，可对应急标志灯具实时巡检，并与报警主机系统联动，在有火灾发生时根据起火位置智能选择最佳逃生路线进行疏散指示。

一、系统分类

消防应急照明和疏散指示系统按照灯具的应急供电方式和控制方式不同，分为自带电源非集中控制型、自带电源集中控制型、集中电源非集中控制型、集中电源集中控制型四类系统。第四类集中电源集中控制型系统，由应急照明控制器、应急照明集中电源、应急照明分配电装置、消防应急灯具组成。应急照明集中电源通过应急照明分配电装置为消防应急灯具供电，应急照明集中电源和消防应急灯具的工作状态受应急照明控制器控制。

二、系统适用场所

（1）轨道交通的站厅层和站台层、车站和机场候机楼等交通枢纽，2000m^2以上的商场、展览中心和医院门诊楼等场所，宜选择自带电源集中控制型或集中电源集中控制型。

（2）疏散走道和楼梯间不宜选择应急供电电压为非安全电压的集中电源型消防应急照明和疏散指示系统。

（3）大型百货商场、大型超市、大型体育馆、地铁隧道等需要导光流疏散指示标志的场所，应选择自带电源集中控制型或集中电源集中控制型。

（4）当采用集中供电且线路压降不能满足要求时，应分散设置集中电源。

三、系统工作原理

火灾自动报警系统与智能消防应急照明疏散指示逃生系统联动，当火灾信号被消防控制室确认后，疏散区域内的应急照明灯具被智能应急照明系统及时自动点亮，并对火灾现场的每个疏散指示、应急照明指示灯进行编程控制，以光流的疏散指示形式为逃生人群动态指示逃生方向，使逃生人员在烟雾弥漫的环境中能够及时、清晰地判断逃生方向（图4-17）。

火灾自动报警系统与智能应急照明系统联动,并确认火灾信息后,应急疏散指示灯进行方向调整指示时必须按照规定来进行,其应遵循以下规律:

(1)所调整的指示方向远离着火点。

(2)着火层以上的楼层在进行疏散时不能向着火层着火点临近的出口疏散。

(3)到达安全出口和接近安全出口时有声音提示及灯光闪烁,使在现场进行疏散指导的人员能为逃生人员做正确的方向指示,保证逃生人员不会因错过安全出口而延误了逃生时机。

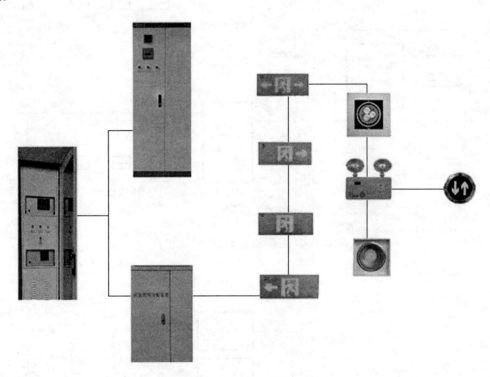

图 4-17　智能疏散指示系统工作原理

四、系统设计

(1)设置消防疏散指示时,应采用消防应急标志灯或消防应急照明标志复合灯具;非灯具类疏散指示标志可作为辅助指示标志。

(2)消防应急灯具连接的主电供电方式与控制方式应保证在火灾发生时,能使所有消防应急灯具全部切换到应急工作状态。

(3)应急照明投入时间不应大于 5s。

(4)给消防应急灯具供电的回路(包括集中电源型消防应急照明系统的应急供电回路)中,严禁设置可关断灯具充电及关断灯具应急状态的灯开关装置、插座及其他负载。

（5）在正常电源工作状态下，允许设置开关控制消防应急照明灯具的工作，但该开关不能影响消防应急照明灯具从正常工作状态转入应急工作状态（图 4-18～图 4-20）。

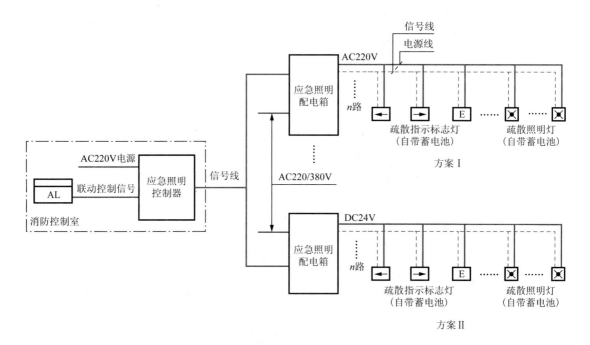

图 4-18　智能疏散指示系统联动控制图示一

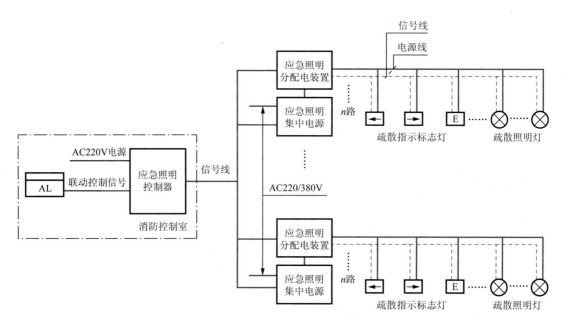

图 4-19　智能疏散指示系统联动控制图示二

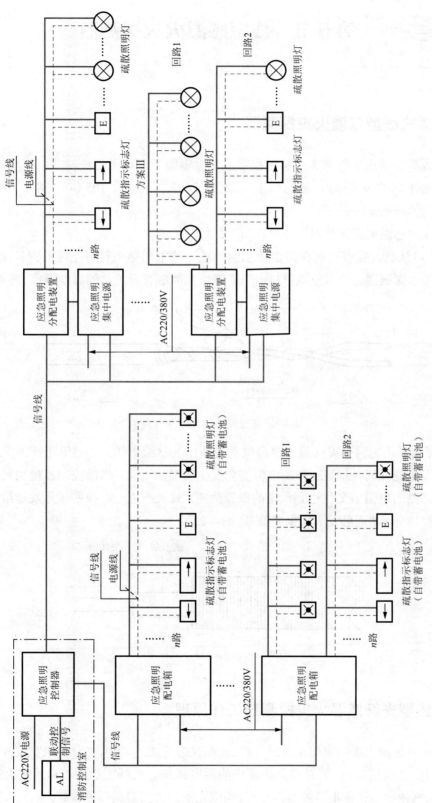

图 4-20 智能疏散指示系统联动控制图示三

第五节 线型感温火灾探测器

一、缆式线型感温火灾探测器

缆式线型感温火灾探测器即感温电缆。感温电缆一般由微处理器、终端盒和感温电缆组成。根据不同的报警温度,感温电缆可以分为68℃、85℃、105℃、138℃、180℃(可以根据不同的颜色来区分)等等。

缆式线型感温火灾探测器工作原理如下:

(1)不可恢复式定温火灾探测器的感温电缆由两根用热敏材料绝缘的钢丝组成,其探测原理是缆式探测器受热后热敏材料电阻率降低从而触发开关量的温度报警(图4-21)。

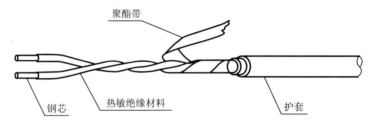

图4-21 不可恢复式定温火灾探测器

(2)可恢复式定温火灾探测器即可以重复使用的感温电缆。当感温电缆所保护场所的现场温度发生变化时,监测回路的电阻值会发生明显的变化,当微控制器检测到前端感温电缆探测回路的电阻值变化达到预定的报警值时,就会产生一个报警信号发送给其后端的火灾报警控制屏,从而触发火灾报警信号(图4-22)。

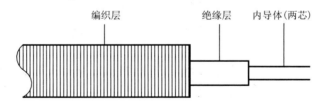

图4-22 可恢复式感温火灾探测器

二、线型光纤感温火灾探测器工作原理

线型光纤感温火灾探测器由光纤主机、探测光缆组成。其中,光纤主机负责光纤信号处理、报警和参数设置等,探测光缆负责现场的温度采集。光纤主机还可以通过RS485/232、CAN、以太网接口与火灾报警控制器相连,构成完整的火灾自动报警系统。

依据光纤的光时域反射（OTDR）和光纤的后向拉曼（Raman）散射温度效应，将探测光纤铺设于待测空间，光纤主机将激光光束发射到探测光缆中，并实时采集沿着光纤散射回来的、带有现场实时温度信息的拉曼（Raman）散射光，光纤主机对这些光信号进行分析和处理，从而得出整条光纤上的温度分布信息。将该温度信息与预设的报警参数值进行比较，当满足报警条件时，光纤主机发出火灾报警声光指示，并可向火灾报警控制器输出报警信息（图4-23、图4-24）。

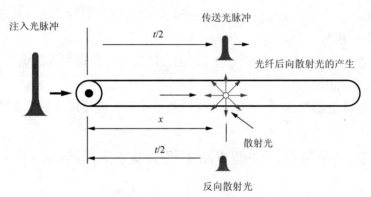

图4-23　光纤中光波散射示意图

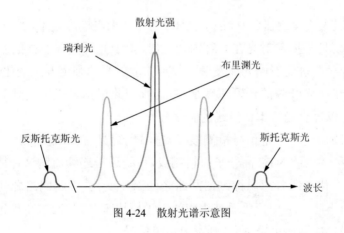

图4-24　散射光谱示意图

三、适用场所

（1）下列场所或部位，宜选择线型感温火灾探测器：
①公路隧道、铁路隧道等。
②不易安装点型探测器的夹层、闷顶。
③其他环境恶劣不适合点型探测器安装的危险场所。
（2）下列场所或部位，宜选择缆式线型感温火灾探测器：
①电缆隧道、电缆竖井、电缆夹层、电缆桥架。

②配电装置、开关设备、变压器等。

③各种皮带输送装置。

(3)下列场所或部位,宜选择空气管式或线型光纤感温火灾探测器:

①存在强电磁干扰的场所。

②除液化石油气外的石油储罐等。

③需要设置线型感温火灾探测器的易燃易爆场所。

④需要监测环境温度的电缆隧道、地下空间等场所,宜设置具有实时温度监测功能的线型光纤感温火灾探测器。

(4)要求对直径小于10cm的小火焰或局部过热处进行快速响应的电缆类场所,不宜选择线型光纤感温火灾探测器。

(5)线型定温探测器的选择,应保证其不动作温度高于设置场所的最高环境温度。

四、缆式感温探测器与线型光纤感温火灾探测器的区别

(一)感温原理的区别

线型光纤感温火灾探测器(拉曼散射技术)是一种无电检测技术,本身非常安全,拉曼散射的工作原理主要是根据入射光在光纤内通过时,由于光纤本体所处的温度不同而引起该处的光线散射率不同,进而影响光线发射端收到的散射光的强度发生变化,从而计算该处的温度值。由于光线在光纤内的传输速度是定量的,因此根据发射端收到散射光的先后顺序和时间间隔,就可以计算光纤本体沿线的温度分布。

缆式感温探测器是一种电信号检测技术,感温电缆具有高阻抗特性。其中两根感温电缆的护套是用一种特殊的NTC高分子材料制成,系统通过连续监测这种特殊材料的电阻变化来感应温度的变化。缆式感温探测器回路之间温度变化,引起回路之间电阻的变化——如温度升高,电阻下降。这种变化通过相应的电子模块来监视,同时在预先设定的档位把这种变化转换成信号,如到达报警位置,则发出报警信号。

(二)抗干扰能力的区别

线型光纤感温火灾探测器可以抵抗一切电磁干扰,而缆式感温探测器尽管也采取相关屏蔽措施,可以抵抗弱电环境的干扰,但无法在强电磁场环境中,特别是在有高压电力设施时不受任何干扰。

(三)测温实时性的区别

线型光纤感温火灾探测器可对电缆进行实时在线温度监测,可以在设定的温度报警,而缆式感温探测器只能对设定的温度(如65℃、85℃、105℃)进行报警,无法判断在不报警

情况下的温度状况和温度发展趋势,对于比较昂贵的模拟量四芯缆式感温探测器,虽然可对报警温度进行调整,但是精度不高。

(四)非破坏性的区别

线型光纤感温火灾探测器的光纤材料是石英,耐高温,寿命长;而普通的两芯缆式感温探测器采用的是热敏绝缘材料,往往在报警后绝缘材料的热敏特性破坏,并呈短路状态,难以恢复,只能重新更换,维护工作量大。即使是模拟量四芯缆式感温探测器,且即使在报警后能恢复常态,但在遇到高温后就很难恢复。

(五)误报概率的区别

线型光纤感温火灾探测器不会由于强电干扰而形成误报,而缆式感温探测器在有强电的环境中经常误报。

(六)安全性的区别

线型光纤感温火灾探测器非常安全,由于没有任何电信号,不会在电磁场的环境中出现放电或短路等现象。而缆式感温探测器由于采用电信号,当导线之间绝缘非常脆弱时,容易产生大电流或短路从而形成电火花并产生火灾,特别是在有强电磁场的高压电缆隧道内,采用缆式感温探测器容易由于感温本身的质量问题而形成火灾,因此使用电信号的缆式感温探测器本身也会对现场电缆系统的安全运行造成隐患。

第五章　消防联动技术

> **岗位应知应会**
>
> 1. 了解消防接口的技术要求,并掌握消防联动控制系统的相关规范。
> 2. 掌握消防联动控制器、消防控制室显示装置、传输设备、消防电气控制装置、消防设备应急电源、消防电动装置、消防联动模块、消防栓按钮、消防应急广播设备、消防电话等设备和组件的基本构成。
> 3. 掌握城市轨道交通设备与火灾自动报警系统的接口。
>
> **重难点**
>
> 重点:各接口部位及设备的功能。

第一节　消防联动技术一般性要求

一、自动喷水灭火系统的联动控制设计

(1)湿式系统(图 5-1)和干式系统的联动控制设计,应符合下列规定:

①联动控制方式,应由湿式报警阀压力开关的动作信号作为触发信号,直接控制启动喷淋消防泵,联动控制不应受消防联动控制器处于自动或手动状态影响。

②手动控制方式,应将喷淋消防泵控制箱(柜)的启动、停止按钮用专用线路直接连接至设置在消防控制室内的消防联动控制器的手动控制盘,直接手动控制喷淋消防泵的启动、停止。

③水流指示器、信号阀、压力开关、喷淋消防泵的启动和停止的动作信号应反馈至消防联动控制器。

(2)预作用系统的联动控制设计,应符合下列规定:

①联动控制方式,应由同一报警区域内两只及以上独立的感烟火灾探测器或一只感烟火灾探测器与一只手动火灾报警按钮的报警信号,作为预作用阀组开启的联动触发信号。由消防联动控制器控制预作用阀组的开启,使系统转变为湿式系统;当系统设有快速排气装置时,应联动控制排气阀前的电动阀的开启。

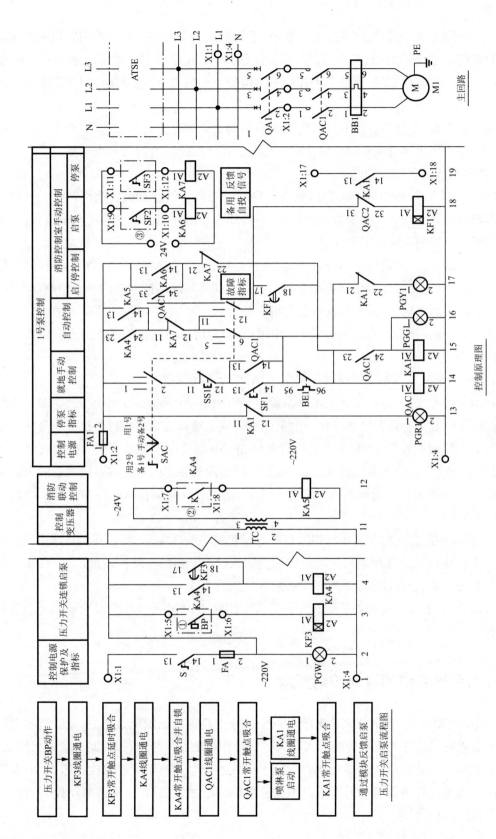

图 5-1 湿式自动喷水系统联动控制图示

②手动控制方式,应将喷淋消防泵控制箱(柜)的启动、停止按钮、预作用阀组和快速排气阀入口前的电动阀的启动和停止按钮,用专用线路直接连接至设置在消防控制室内的消防联动控制器的手动控制盘,直接手动控制喷淋消防泵的启动、停止及预作用阀组和电动阀的开启。

③水流指示器、信号阀、压力开关、喷淋消防泵的启动和停止的动作信号,有压气体管道气压状态信号和快速排气阀入口前电动阀的动作信号应反馈至消防联动控制器。

(3)雨淋系统的联动控制设计,应符合下列规定:

①联动控制方式,应由同一报警区域内两只及以上独立的感温火灾探测器或一只感温火灾探测器与一只手动火灾报警按钮的报警信号,作为雨淋阀组开启的联动触发信号,应由消防联动控制器控制雨淋阀组的开启。

②手动控制方式,应将雨淋消防泵控制箱(柜)的启动和停止按钮、雨淋阀组的启动和停止按钮,用专用线路直接连接至设置在消防控制室内的消防联动控制器的手动控制盘,直接手动控制雨淋消防泵的启动、停止及雨淋阀组的开启。

③水流指示器,压力开关,雨淋阀组、雨淋消防泵的启动和停止的动作信号应反馈至消防联动控制器。

(4)自动控制的水幕系统的联动控制设计,应符合下列规定:

①联动控制方式,当自动控制的水幕系统用于防火卷帘的保护时,应由防火卷帘下落到楼板面的动作信号与本报警区域内任一火灾探测器或手动火灾报警按钮的报警信号作为水幕阀组启动的联动触发信号,并应由消防联动控制器联动控制水幕系统相关控制阀组的启动;仅用水幕系统作为防火分隔时,应由该报警区域内两只独立的火灾感温探测器的火灾报警信号作为水幕阀组启动的联动触发信号,并应由消防联动控制器联动控制水幕系统相关控制阀组的启动。

②手动控制方式,应将水幕系统相关控制阀组和消防泵控制箱(柜)的启动,停止按钮用专用线路直接连接至设置在消防控制室内的消防联动控制器的手动控制盘,并应直接手动控制消防泵的启动、停止及水幕系统相关控制阀组的开启。

③压力开关、水幕系统相关控制阀组和消防泵的启动、停止的动作信号应反馈至消防联动控制器。

二、消火栓系统的联动控制要求

(1)联动控制方式,应由消火栓系统出水干二管上设置的低压压力开关、高位消防水箱出水管上设置的流量开关或报警阀压力开关等信号作为触发信号,直接控制启动消火栓泵,联动控制不应受消防联动控制器处于自动或手动状态影响。当设置消火栓按钮时,消火栓按钮的动作信号应作为报警信号及启动消火栓泵的联动触发信号,由消防联动控制器联动控制消火栓泵的启动。

（2）手动控制方式，应将消火栓泵控制箱（柜）的启动、停止按钮用专用线路直接连接至设置在消防控制室内的消防联动控制器的手动控制盘并应直接手动控制消火栓泵的启动、停止。

（3）消火栓泵的动作信号应反馈至消防联动控制器（图5-2）。

三、气体灭火系统联动控制要求

气体灭火系统应设有专用的气体灭火控制器。

气体灭火控制器直接连接火灾探测器时，气体灭火系统的自动控制方式应符合下列规定：

（1）应由同一防护区域内两只独立的火灾探测器的报警信号或防护区外的紧急启动信号，作为系统的联动触发信号，探测器的组合宜采用感烟火灾探测器和感温火灾探测器。

（2）气体灭火控制器在接收到满足联动逻辑关系的首个联动触发信号后，应启动设置在该防护区的火灾声光警报器，且联动触发信号应为任一防护区域内设置的感烟火灾探测器的首次报警信号；在接收到第二个联动触发信号后，应发出联动控制信号，且联动触发信号应为同一防护区域内与首次报警的火灾探测器相邻的感温火灾探测器的报警信号。

（3）联动控制信号应包括下列内容：

①关闭防护区域的送（排）风机及送（排）风阀门。

②停止通风和空气调节系统及关闭设置在该防护区域的电动防火阀。

③联动控制防护区域开口封闭装置的启动，包括关闭防护区域的门、窗。

④启动气体灭火装置的气体灭火控制器，可设定不大于30s的延迟喷射时间。

（4）平时无人工作的防护区，可设置为无延迟的喷射，应在接收到满足联动逻辑关系的首个联动触发信号后要求执行除启动气体灭火装置外的联动控制；在接收到第二个联动触发信号后，应启动气体灭火装置。

（5）气体灭火防护区出口外上方应设置表示气体喷洒的火灾声光警报器，指示气体释放的声信号应与该保护对象中设置的火灾声警报器的声信号有明显区别。启动气体灭火装置的同时，应启动设置在防护区入口处表示气体喷洒的火灾声光警报器；组合分配系统应首先开启相应防护区域的选择阀，然后启动气体灭火装置。

（6）气体灭火控制器不直接连接火灾探测器时，气体灭火系统的自动控制方式应符合下列要求：

①气体灭火系统的联动触发信号应由火灾报警控制器或消防联动控制器发出。

②气体灭火系统的联动触发信号和联动控制均应符合联动控制要求。

（7）气体灭火系统的手动控制方式应符合下列规定：

①在防护区疏散出口的门外应设置气体灭火装置的手动启动和停止按钮，手动启动按钮按下时，气体灭火控制器应执行符合控制要求第3条和第5条规定的联动操作；手动停止按钮按下时，气体灭火控制器应停止正在执行的联动操作。

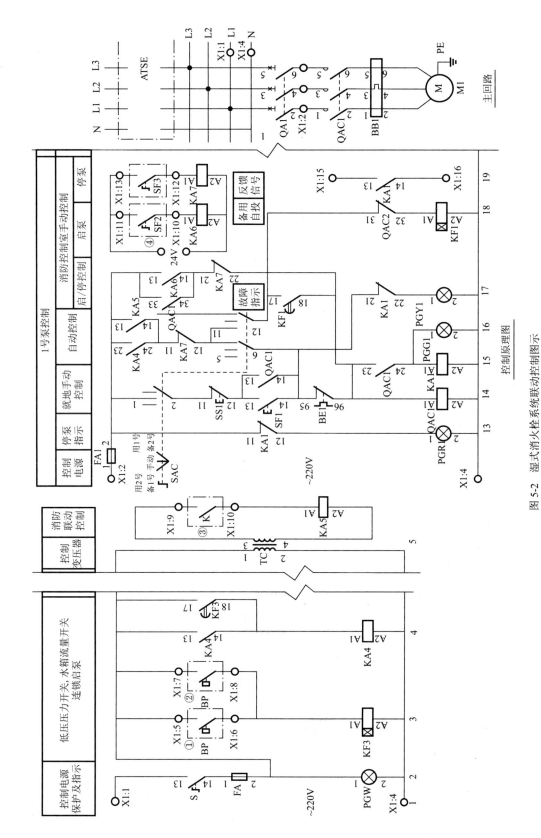

图 5-2 湿式消火栓系统联动控制图示

②气体灭火控制器上应设置对应于不同防护区的手动启动和停止按钮,手动启动按钮按下时,气体灭火控制器应执行符合控制要求第3条和第5条规定的联动操作;手动停止按钮按下时,气体灭火控制器应停止正在执行的联动操作(图5-3)。

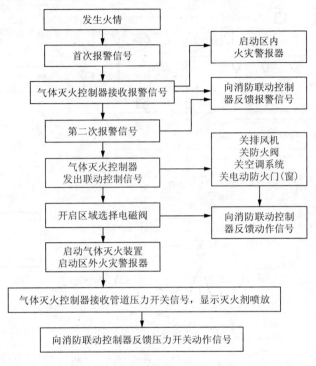

图5-3 气体灭火系统灭火流程图

(8)气体灭火装置启动及喷放各阶段的联动控制及系统的反馈信号,应反馈至消防联动控制器。系统的联动反馈信号应包括下列内容:

①气体灭火控制器直接连接的火灾探测器的报警信号。

②选择阀的动作信号。

③压力开关的动作信号。

④在防护区域内设有手动/自动控制转换装置的系统,其手动或自动控制方式的工作状态应在防护区内、外的手动和自动控制状态显示装置上显示,该状态信号应反馈至消防联动控制器(图5-4)。

四、防烟、排烟系统的联动控制设计

防烟系统的联动控制方式应符合下列规定:

(1)应由加压送风口所在防火分区内的两只独立的火灾探测器或一只火灾探测器与一只手动火灾报警按钮的报警信号,作为送风口开启和加压送风机启动的联动触发信号,并应由消防联动控制器联动控制相关层前室等需要加压送风场所的加压送风口开启和加压送风机启动。

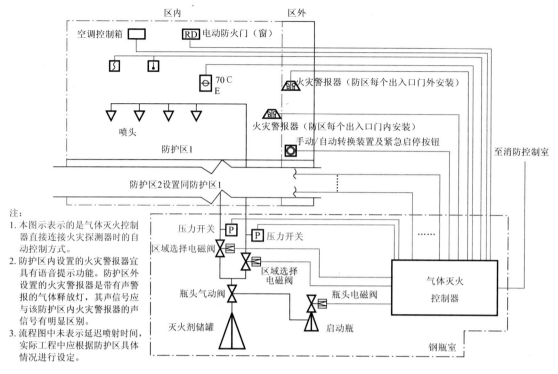

图 5-4 气体灭火系统联动控制图示

（2）应由同一防烟分区内且位于电动挡烟垂壁附近的两只独立的感烟火灾探测器的报警信号，作为电动挡烟垂壁降落的联动触发信号，并由消防联动控制器联动控制电动挡烟垂壁的降落。

排烟系统的联动控制方式应符合下列规定：

（1）应由同一防烟分区内的两只独立的火灾探测器的报警信号，作为排烟口、排烟窗或排烟阀开启的联动触发信号，并由消防联动控制器联动控制排烟口、排烟窗或排烟阀的开启，同时停止该防烟分区的空调系统。

（2）应由排烟口、排烟窗或排烟阀开启的动作信号，作为排烟风机启动的联动触发信号，并由消防联动控制器联动控制排烟风机的启动。

（3）防烟系统、排烟系统的手动控制方式，应能在消防控制室内的消防联动控制器上手动控制送风口、电动挡烟垂壁、排烟口、排烟窗、排烟阀的开启或关闭及防烟风机、排烟风机等设备的启动或停止。防烟、排烟风机的启动、停止按钮应采用专用线路直接连接至设置在消防控制室内的消防联动控制器的手动控制盘，并应直接手动控制防烟、排烟风机的启动、停止。

（4）送风口、排烟口、排烟窗或排烟阀开启和关闭的动作信号，防烟、排烟风机启动和停止及电动防火阀关闭的动作信号，均应反馈至消防联动控制器。

（5）排烟风机入口处的总管上设置的280℃排烟防火阀在关闭后应直接联动控制风机

停止，排烟防火阀及风机的动作信号应反馈至消防联动控制器。

防烟、排烟系统联动控制图示见图5-5。

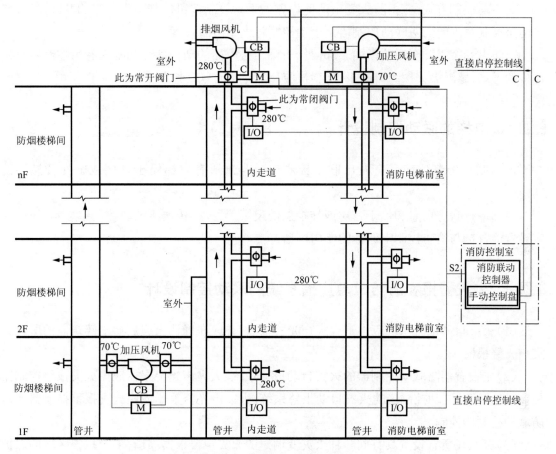

图5-5 防烟、排烟系统联动控制图示

五、防火卷帘系统的联动控制设计

防火卷帘的升降应由防火卷帘控制器控制。

疏散通道上设置的防火卷帘的联动控制设计应符合下列规定：

（1）联动控制方式，防火分区内任两只独立的感烟火灾探测器或任一只专门用于联动防火卷帘的感烟火灾探测器的报警信号应联动控制防火卷帘下降至距楼板面1.8m处；任一只专门用于联动防火卷帘的感温火灾探测器的报警信号应联动控制防火卷帘下降到楼板面；在卷帘的任一侧距卷帘纵深0.5～5m内应设置不少于两只专门用于联动防火卷帘的感温火灾探测器。

（2）手动控制方式，应由防火卷帘两侧设置的手动控制按钮控制防火卷帘的升降。

（3）非疏散通道上设置的防火卷帘的联动控制设计，应符合下列规定：

①联动控制方式,应由防火卷帘所在防火分区内任意两只独立的火灾探测器的报警信号,作为防火卷帘下降的联动触发信号,并应联动控制防火卷帘直接下降到楼板面。

②手动控制方式,应由防火卷帘两侧设置的手动控制按钮控制防火卷帘的升降,并应能在消防控制室内的消防联动控制器上手动控制防火卷帘的降落。

③防火卷帘下降至距楼板面 1.8m 处、下降至楼板面的动作信号和防火卷帘控制器直接连接的感烟、感温火灾探测器的报警信号,应反馈至消防联动控制器。

六、电梯的联动控制设计

消防联动控制器应具有发出联动控制信号强制所有电梯停于首层或电梯转换层的功能。

电梯运行状态信息和停于首层或转换层的反馈信号,应传送给消防控制室显示,轿厢内应设置能直接与消防控制室通话的专用电话。

七、火灾警报和消防应急广播系统的联动控制设计

(1)火灾自动报警系统应设置火灾声光警报器,并应在确认火灾后启动建筑内的所有火灾声光警报器。

(2)未设置消防联动控制器的火灾自动报警系统,火灾声光警报器应由火灾报警控制器控制;设置消防联动控制器的火灾自动报警系统,火灾声光警报器应由火灾报警控制器或消防联动控制器控制。

(3)公共场所宜设置具有同一种火灾变调声的火灾声警报器;具有多个报警区域的保护对象,宜选用带有语音提示的火灾声警报器;学校、工厂等各类日常使用电铃的场所,不应使用警铃作为火灾声警报器。

(4)火灾声警报器设置带有语音提示功能时,应同时设置语音同步器。

(5)同一建筑内设置多个火灾声警报器时,火灾自动报警系统应能同时启动和停止所有火灾声警报器工作。

(6)火灾声警报器单次发出火灾警报时间宜为 8~20s,同时设有消防应急广播时,火灾声警报应与消防应急广播交替循环播放。

(7)集中报警系统和控制中心报警系统应设置消防应急广播。

(8)消防应急广播系统的联动控制信号应由消防联动控制器发出。当确认火灾后,应同时向全楼进行广播。

(9)消防应急广播的单次语音播放时间宜为 10~30s,应与火灾声警报器分时交替工作,可采取一次火灾声警报器播放、一次或两次消防应急广播播放的交替工作方式循环播放。

（10）在消防控制室应能手动或按预设控制逻辑联动控制选择广播分区、启动或停止应急广播系统，并应能监听消防应急广播。在通过传声器进行应急广播时，应自动对广播内容进行录音。

（11）消防控制室内应能显示消防应急广播的广播分区的工作状态。

（12）消防应急广播与普通广播或背景音乐广播合用时，应具有强制切入消防应急广播的功能（图 5-6～图 5-8）。

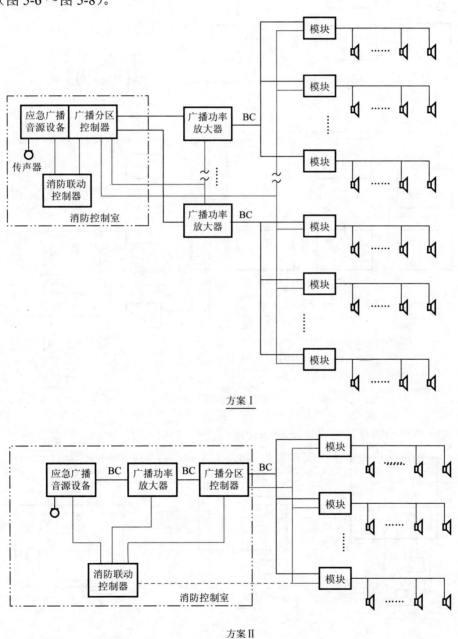

图 5-6 消防应急广播系统联动控制图示一

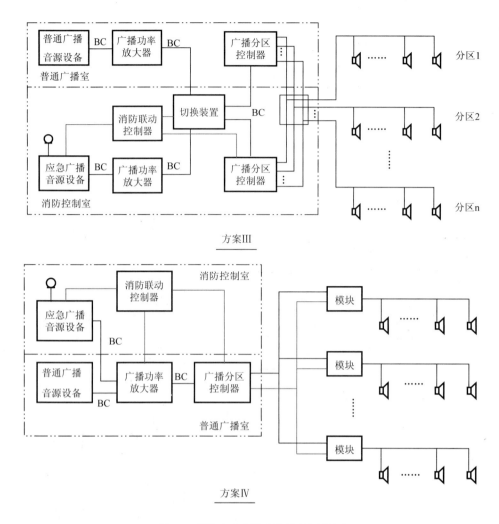

图 5-7 消防应急广播系统联动控制图示二

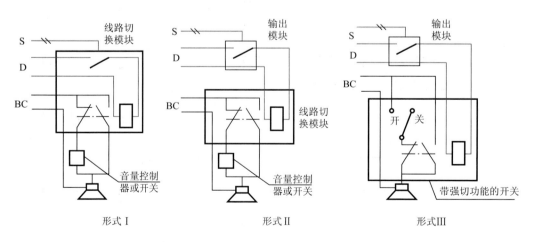

图 5-8 消防应急广播系统末端强制切换示意图

八、消防应急照明和疏散指示系统的联动控制设计

消防应急照明和疏散指示系统的联动控制设计应符合下列规定：

（1）集中控制型消防应急照明和疏散指示系统，应由火灾报警控制器或消防联动控制器启动应急照明控制器实现。

（2）集中电源非集中控制型消防应急照明和疏散指示系统，应由消防联动控制器联动应急照明集中电源和应急照明分配电装置实现。

（3）自带电源非集中控制型消防应急照明和疏散指示系统，应由消防联动控制器联动消防应急照明配电箱实现。

当确认火灾后，由发生火灾的报警区域开始，顺序启动全楼疏散通道的消防应急照明和疏散指示系统，系统全部投入应急状态的启动时间不应大于 5s。

九、相关联动控制设计

消防联动控制器应具有切断火灾区域及相关区域的非消防电源的功能，当需要切断正常照明时，应在自动喷淋系统，消火栓系统动作前切断。

消防联动控制器应具有自动打开涉及疏散的电动挡杆等的功能，宜开启相关区域安全技术防范系统的摄像机监视火灾现场。

消防联动控制器应具有打开疏散通道上由门禁系统控制的门。

第二节　消防联动技术城市轨道交通要求

消防联动是地铁火灾情况下，有效地组织各个设备系统实施灭火、人员疏散的重要手段。地铁涉及灭火、排烟、疏散、应急照明的设施均应在火灾情况下实现消防联动控制；消火栓系统联动是指采用消防泵加压的消火栓；疏散动态指示标识应在设备明确、可靠的前提下可实现消防联动控制。

在发生火灾时车站消防控制室的值班人员，对所辖范围内的室内消火栓，什么地方需要使用，消防泵是否启动等需全面掌握，消防控制室的火灾自动报警控制设备上设消防泵的自动启、停控制功能，显示消防泵的工作和故障状态、消火栓按钮工作位置和手/自动开关位置。

地铁给水系统干管设有消防给水电动阀门，为满足消防用水，用以调节供水支路给水水量。为了解此类阀门的实际状态，FAS 对每个阀门都应具备状态监视和随时控制功能。

地铁由于排烟系统与正常通风系统合用,日常设备运行由车站设备监控系统监控管理,而火灾发生地点和灾情由火灾自动报警系统掌握和了解,为保障火灾运行模式准确、可靠的转换,必须由火灾自动报警系统选定、发布控制指令。由于现在有些地铁线路设置了综合监控系统,BAS 系统集成于综合监控系统,并设有模式控制,因此也可由综合监控系统接收 FAS 指令,由综合监控系统执行联动,并反馈指令执行信号。

在火灾情况下消防控制设备按消防分区在配电室或变电所切除火灾区域的非消防电源,在保证利于消防救灾的前提下,尽量缩小断电范围。本处所指的非消防电源主要是建筑设施的电源,地铁系统电源由于设有 UPS,切除的位置应能保证设备完全断电,切除的时机可视需要确定。

屏蔽门和自动检票闸门是控制和检查乘客进出车站的主要限制关口,火灾时乘客出站越快越好,当火灾确认后应立即开放所有限制通行的关口(门),提高人员疏散速度,缩短疏散时间,保障人身安全。因此,车站消防控制室对屏蔽门和自动检票闸门应具有开启控制功能,并显示工作状态。

各地地铁的工程性质、建设原则、消防要求、管理体制、运营模式等不尽相同,具体设计应与当地各有关方共同确定,满足消防疏散功能要求。

第三节 轨道交通 FAS 专业与其他专业设备接口

一、与自动售检票(AFC)接口

(一)接口位置

(1)在自动检售票系统紧急按钮控制盒端子排外侧。
(2)在自动检售票系统配电箱接线端子排外侧。

(二)接口说明

FAS 与 AFC 的接口方式为硬线接口(图 5-9),硬接点信号包括开关量输入 DI,开关量输出 DO。FAS 施工方负责 FAS 模块箱至 AFC 紧急按钮控制盒端子排外侧 AFC 配电箱接线端子排外侧硬线线缆敷设,同时负责 AFC 侧至车站 FAS 模块箱的硬线接口调试。FAS 提供给 AFC 为有源保持触点,容量不小于 DC24V 0.5A;AFC 为 FAS 提供的控制信号为无源保持触点,容量不大于 DC24V 0.5A。

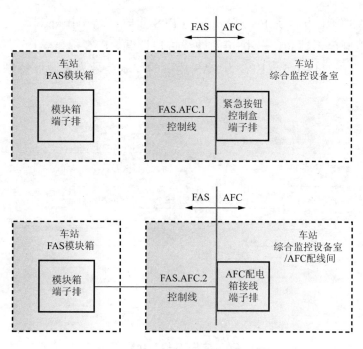

图 5-9 AFC 与 FAS 的接口分界图

(三)接口功能(表 5-1)

FAS 与 AFC 接口功能　　　　表 5-1

功能要求	AFC	FAS
AFC.FAS.1	1. 接收 FAS 发送的火灾工况信号,释放全部闸机。 2. 向 FAS 反馈自动售检票全部闸机释放动作信号	1. 向 AFC 发送火灾工况信号。 2. 接收 AFC 的自动售检票释放动作信号
AFC.FAS.2	1. 接收 FAS 发送的断电释放信号。 2. 向 FAS 反馈自动售检票配电箱开关动作信号	1. 向 AFC 发送终端设备断电控制信号。 2. 接收 AFC 的自动售检票配电箱开关动作信号

二、与应急照明(EPS)接口

(一)接口位置

接口在应急照明配电柜端子排外侧。

(二)接口说明

EPS 与 FAS 的接口方式为硬线接口(图 5-10),硬接点信号包括开关量输入 DI,开关量输出 DO。FAS 施工方负责 FAS 模块箱至 EPS 配电柜端子排外侧硬线线缆敷设,同时负责 EPS 配电柜侧至车站 FAS 模块箱的硬线接口调试。FAS 提供给应急照明为有源保持触点,容量不小于 DC24V 0.5A;EPS 为 FAS 提供的控制信号为无源保持触点,容量不大于 DC24V 0.5A。

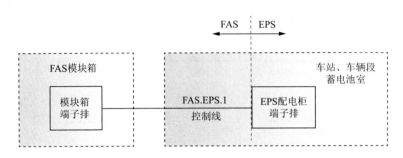

图 5-10　EPS 与 FAS 的接口分界图

(三)接口功能(表 5-2)

FAS 与 EPS 接口功能　　　　表 5-2

功能要求	EPS	FAS
EPS.FAS.1	1. 向 FAS 提供 EPS 相关设备区配电回路的状态信号。 2. 火灾情况下,接收 FAS 发来的强制开启设备区应急照明的控制信号,实现对设备区应急照明的开启控制	1. 监视 EPS 相关设备区配电回路的状态信息。 2. 火灾情况下,向 EPS 相关设备区配电回路发出强制开启控制信号

三、与垂直电梯(CT)接口

(一)接口位置

接口在垂直电梯控制柜接线端子排外侧。

(二)接口说明

CT 与 FAS 的接口方式为硬线接口(图 5-11),硬接点信号包括开关量输入 DI,开关量输出 DO。FAS 施工方负责从车站 FAS 模块箱端子到 CT 井道处的硬线电缆敷设,同时负责 CT 侧至车站 FAS 模块箱的硬线接口调试。FAS 供给 CT 为无源保持触点,容量不小于 DC24V 0.5A;CT 为 FAS 系统提供的控制信号为无源保持触点,容量不大于 DC24V 0.5A。

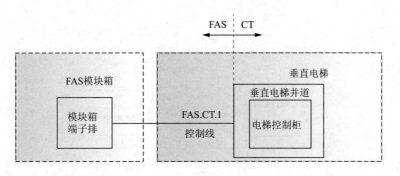

图 5-11　CT 与 FAS 的接口分界图

(三) 接口功能 (表 5-3)

FAS 与 CT 接口功能　　　　　表 5-3

功能要求	CT	FAS
FAS	1. 监视火灾信号； 2. 向 FAS 反馈垂直电梯释放动作信号	1. 向 CT 反馈火灾信号状态； 2. 接收 CT 的垂直电梯释放动作信号

四、与环控柜(HKG)接口

(一) 接口位置

（1）接口在环控柜专用排烟风机抽屉端子排外侧。
（2）接口在环控柜专用送风机抽屉端子排外侧。
（3）接口在环控柜电动风阀抽屉端子排外侧。
（4）接口在环控柜消防水管电动蝶阀抽屉端子排外侧。

(二) 接口说明

HKG 与 FAS 的接口方式为硬线接口(图 5-12)，硬接点信号包括开关量输入 DI，开关量输出 DO。FAS 施工方负责从车站 FAS 模块箱端子到 HKG 相关设备抽屉端子排外侧的硬线电缆敷设，同时负责 HKG 侧至车站 FAS 模块箱的硬线接口调试。FAS 供给 HKG 为无源保持触点，容量不小于 DC24V 0.5A；HKG 为 FAS 提供的控制信号为无源保持触点，容量不大于 DC24V 0.5A。

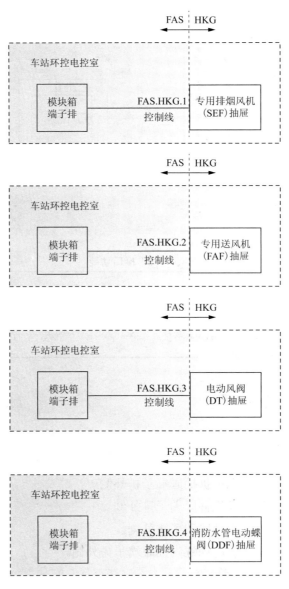

图 5-12 HKG 与 FAS 的接口分界图

（三）接口功能（表 5-4）

FAS 与 HKG 接口功能　　　　　　　　　　表 5-4

功能要求	HKG	FAS
HKG.FAS.1 HKG.FAS.2 HKG.FAS.3 HKG.FAS.4	1. 向 FAS 提供 HKG 所控相关设备的状态信号； 2. 火灾情况下，接收 FAS 发来的开启设备区专用排烟风机、专用送风机、电动风阀的控制信号，实现对上述设备的开启/关闭控制	1. 监视 HKG 所控相关设备的状态信息； 2. 火灾情况下，向 HKG 所控相关设备发出开启/关闭控制信号

五、与门禁(ACS)接口

(一)接口位置

接口在门禁机柜端子排外侧。

(二)接口说明

ACS 与 FAS 的接口方式为硬线接口(图 5-13),硬接点信号包括开关量输入 DI,开关量输出 DO。FAS 施工方负责从车站 FAS 的模块箱端子到 ACS 机柜端子排外侧的硬线电缆敷设,同时负责 ACS 机柜侧至车站 FAS 模块箱的硬线接口调试。FAS 供给 ACS 为无源保持触点,容量不小于 DC24V 0.5A;ACS 为 FAS 提供的控制信号为无源触点,容量不大于 DC24V 0.5A。

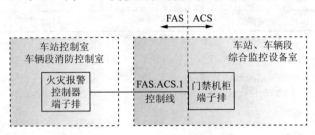

图 5-13　ACS 与 FAS 的接口分界图

(三)接口功能(表 5-5)

FAS 与 ACS 接口功能　　　　表 5-5

功能要求	ACS	FAS
FAS.ACS.1	火灾情况下,接收 FAS 发来的强制开启门禁的控制信号,实现对门禁的开启控制	火灾情况下,向 ACS 主控制器发出强制开启控制信号

六、与环境与设备监控系统(BAS)接口

(一)接口位置

接口在 IBP 盘 PLC 模块箱端子排外侧。

(二)接口说明

BAS 与 FAS 的接口方式多数使用 RS485 串行数据接口(图 5-14),采用 Modbus RTU 传输协议。FAS 施工方负责提供火灾自动报警控制器内的 LPI-Modbus 接线端子排,同时负责 BAS 与 FAS 的通信接口调试。

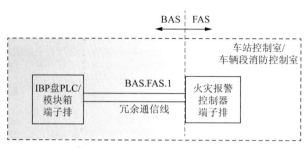

图 5-14 BAS 与 FAS 的接口分界图

(三)接口功能(表 5-6)

FAS 与 BAS 接口功能　　　　　表 5-6

功能要求	BAS	FAS
BAS.FAS.1	接收火灾模式指令,启动消防联动设备	按约定好的格式,向 BAS 发送火灾模式指令

注:1. 当车站无火灾时,BAS 收到 FAS 一个火灾模式,优先执行此火灾模式(优先级最高)。

2. 当 BAS 正在执行一个火灾模式时,又收到 FAS 的其他任何火灾模式,BAS 维持执行第一个火灾模式。

3. FAS 应保证不在同一时刻向 BAS 发送两个或以上的火灾模式号,当 BAS 同一时刻收到 FAS 的两个或以上的火灾模式时,BAS 不执行任何一个火灾模式。

七、与防火阀(FHF)接口

(一)接口位置

接口在防火阀执行器端子排外侧。

(二)接口说明

FHF 与 FAS 的接口方式为硬线接口(图 5-15),硬接点信号包括开关量输入 DI,开关量输出 DO。FAS 施工方负责从车站 FAS 的模块箱端子到 FHF 执行器端子排外侧的硬线电缆敷设,同时负责 FHF 侧至车站 FAS 模块箱的硬线接口调试。火 FAS 统供给 FHF 为无源保持触点,容量不小于 DC24V 0.5A;FHF 为 FAS 提供的控制信号为无源保持触点,容量不大于 DC24V 0.5A。

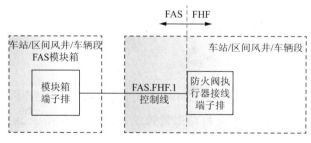

图 5-15 FHF 与 FAS 的接口分界图

（三）接口功能（表 5-7）

FAS 与 FHF 接口功能　　　　　表 5-7

功能要求	FHF	FAS
FHF.FAS.1	1. 接收 FAS 发送的控制信号，完成相应的动作； 2. 向 FAS 反馈防火阀状态信号	1. 向 FHF 发送控制信号； 2. 接收 FHF 的状态信号

八、与 400V 开关柜切非（QF）接口

（一）接口位置

在 400V 开关柜端子排外侧。

（二）接口说明

QF 与 FAS 的接口方式为硬线接口（图 5-16），硬接点信号包括开关量输入 DI，开关量输出 DO。火灾自动报警系统施工方负责从车站火灾自动报警系统的模块箱端子到 400V 开关柜接线端子排外侧的硬线电缆敷设，同时负责 400V 开关柜侧至车站火灾自动报警系统模块箱的硬线接口调试。FAS 供给 QF 为无源保持触点，容量不小于 DC24V 0.5A；QF 为 FAS 提供的控制信号为无源保持触点，容量不大于 DC24V 0.5A。

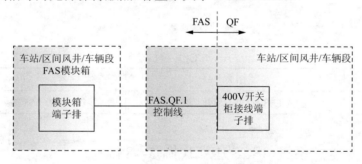

图 5-16　QF 与 FAS 的接口分界图

（三）接口功能（表 5-8）

FAS 与 EPS 接口功能　　　　　表 5-8

功能要求	QF	FAS
QF.FAS.1	1. 按防火分区接收 FAS 发送的控制信号，完成相应的动作； 2. 向 FAS 反馈 400V 开关柜切非完成信号	1. 按防火分区向 QF 发送控制信号； 2. 接收 QF 的状态信号

注：1. "三级负荷总开关"、"冷水机组"不计入任何一个防火分区，FAS 单独对 400V 开关柜内相应的 DC24V 中间继电器进行控制，由 400V 开关柜实现中间继电器接通 DC220V 电源使分励脱扣器动作。
  2. "三级负荷总开关"、"冷水机组"在任一火灾工况下，均予以切除。
  3. 垂直电梯的电源切除由 400V 开关柜设置时间继电器实现，公共区火灾工况下倒计时 30s 后切除。

九、与时钟系统(CLK)接口

(一)接口位置

接口在控制中心 MDF 配线架接线端子排外侧。

(二)接口说明

CLK 与 FAS 的接口方式为 RJ45 通信接口（图 5-17）。FAS 施工方负责 FAS 图形显示工作站至 MDF 配线架接线端子排外侧超五类屏蔽双绞线线缆敷设。同时负责 CLK 侧至车站 FAS 图形显示工作站接线端口的 RJ45 接口调试。

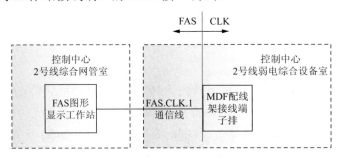

图 5-17　CLK 与 FAS 的接口分界图

(三)接口功能(表 5-9)

FAS 与 CLK 接口功能　　　　　　　　　　表 5-9

功能要求	CLK	FAS
CLK.FAS.1	为 FAS 提供标准时间信号	接收时钟为 FAS 提供标准时间信号

十、与综合监控系统(ISCS)接口(图 5-18)

(一)接口位置

(1)接口在综合监控接线箱配线架。
(2)接口在 IBP 盘端子排外侧。
(3)接口在综合监控机柜端子排外侧。
(4)接口在综合监控配电柜馈出回来端子排。

(二)接口说明

ISCS.FAS.1 与 ISCS.FAS.4：ISCS 与 FAS 的接口类型为 100M 以太网数据接口 RJ45，冗

余接口，ISCS 与 FAS 的软件通信协议采用基于 TCP/IP 的 MODBUS 协议。

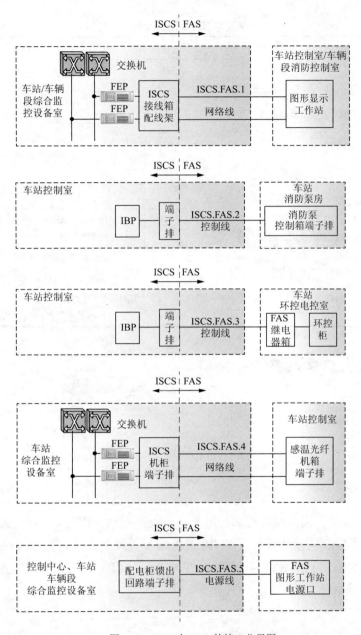

图 5-18 ISCS 与 FAS 的接口分界图

ISCS.FAS.2 与 ISCS.FAS.3：ISCS 与 FAS 的接口方式为硬线接口，硬接点信号包括开关量输入 DI，开关量输出 DO，ISCS.IBP 盘提供给消防水泵控制箱为有源保持触点，容量不小于 DC24V 0.5A，消防水泵控制箱为 IBP 盘反馈的状态信号为无源保持触点，容量不大于 DC24V 0.5A。

ISCS.FAS.5：ISCS 为 FAS 图形工作站提供不间断电源。

(三)接口功能(表5-10)

FAS 与 ISCS 接口功能　　表 5-10

功能要求	ISCS	FAS
ISCS.FAS.1	ISCS 采集报警信息及设备状态信息	向 ISCS 系统提供： 确认后的火灾报警信息； 车站防烟分区报警信息； 车站综合火灾报警信息； FAS 控制器、GCC 状态信息； 由 FAS 监控的专用消防设备状态信息
ISCS.FAS.2	ISCS IBP 盘实现消火栓泵的紧急手动启停，并显示消火栓泵的启停状态	提供 IBP 盘至消火栓泵的紧急手动启停线缆
ISCS.FAS.3	ISCS IBP 盘实现防排烟风机的紧急手动启停，并显示防排烟风机的启停状态	提供继电器箱，提供 IBP 盘至环控柜的紧急手动启停线缆
ISCS.FAS.4	ISCS 系统实时显示区间隧道环境温度	向 ISCS 系统提供各区间隧道的环境温度值
ISCS.FAS.5	为 FAS 图形显示工作站提供不间断电源	1. 提供接口设备间线缆。负责接口设备间线缆的敷设和两侧的接线； 2. 负责相关电缆接口调试

十一、与公共广播系统(PA)接口

(一)接口位置

接口在 PA 机柜端子排外侧。

(二)接口说明

PA 与 FAS 的接口方式为硬线接口(图 5-19)，硬接点信号仅包括开关量输出 DO。FAS 施工方负责从车站 FAS 的模块箱端子到 PA 机柜端子排外侧的硬线电缆敷设，同时负责 PA 机柜侧至车站 FAS 模块箱的硬线接口调试。FAS 提供给 PA 的控制信号为无源保持触点，容量不小于 DC24V 0.5A。

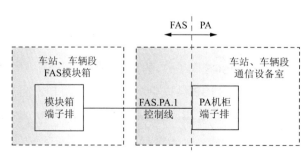

图 5-19　PA 与 FAS 的接口分界图

(三)接口功能(表 5-11)

FAS 与 PA 接口功能　　　　　表 5-11

功能要求	PA	FAS
PA.FAS.1	1. 火灾情况下,接收 FAS 发来的强制切换为消防应急广播的控制信号,实现全站由背景音源到消防应急广播音源的切换; 2. 在 FAS 总火灾模式有效期间不再播放公共广播音源; 3. 提供消防应急广播音源; 4. 提供消防应急广播音源时长给 FAS 总包商	火灾情况下,向 PA 发出强制全站开启消防应急广播控制的总火灾模式信号

注:1. 采取一次火灾声警报器播放、一次消防应急广播播放的交替工作方式循环播放。
　　2. 由广播供货商录制一段包括消防应急广播语音和空白语音的音频文件(空白语音在后)。其中消防应急广播语音的时长由广播厂家确定,空白语音的时长 15s。
　　3. 空白语音播放期间,由 FAS 启动火灾警报器。

十二、与通信交流配电柜切非(TXDY)接口

(一)接口位置

接口在通信交流配电柜接线端子排外侧。

(二)接口说明

TXDY 与 FAS 的接口方式为硬线接口(图 5-20),硬线接点信号暂仅包括开关量输出 DO。FAS 施工方负责从车站 FAS 的模块箱端子到 TXDY 端子排外侧的硬线电缆敷设,同时负责 TXDY 侧至车站 FAS 模块箱的硬线接口调试。FAS 提供给 TXDY 的控制信号为有源保持触点,容量不小于 DC24V 0.5A。

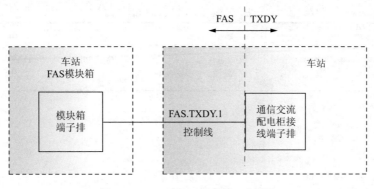

图 5-20　TXDY 与 FAS 的接口分界图

(三)接口功能(表 5-12)

FAS 与 TXDY 接口功能　　　　　　　表 5-12

功能要求	TXDY	FAS
TXDY.FAS.1	接收 FAS 发送的控制信号,完成切断 PIS 终端设备电源的动作	向 TXDY 发送切断 PIS 终端设备电源的控制信号

十三、环境与设备监控系统(BAS)和区间疏散指示系统接口

(一)接口位置

接口在区间疏散指示主机接线端子处。

(二)接口说明

BAS 与区间疏散指示的接口方式为 RS485 串行数据接口(图 5-21),采用 Modbus RTU 传输协议。

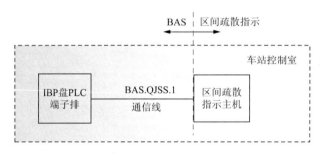

图 5-21　BAS 与区间疏散指示的接口分界图

(三)接口功能(表 5-13)

BAS 与 QJSS 接口功能　　　　　　　表 5-13

功能要求	BAS	区间疏散指示
BAS.QJSS.1	1. 接收区间疏散指示主机状态信息; 2. 向区间疏散指示主机发送隧道火灾模式号	按约定好的格式,向 BAS 发送区间疏散指示设备状态

第六章　气体灭火系统

> **岗位应知应会**
>
> 1. 认识消防系统整体分类。
> 2. 掌握气体灭火系统的定义、特点,以及目前主要气体灭火系统的分类、灭火原理等。
>
> **重难点**
>
> 重点:各气体灭火系统的适用范围、工作原理及安全要求。
> 难点:气体灭火系统的设置要求。

第一节　气体灭火系统原理

一、七氟丙烷灭火系统

七氟丙烷是一种无色无味、不导电的气体,其密度大约是空气密度的 6 倍,在一定压力下**成液态**。在灭火时,以液态的形式喷射到保护区,在喷出喷头时,液态灭火剂迅速变成气态需要吸收大量的热量,降低了保护区和火焰周围的温度。另一方面,七氟丙烷灭火剂由大分子组成,灭火时分子中的一部分键断裂需要吸收热量,另外保护区内灭火剂的喷射和火焰的存在降低了氧气的浓度,从而降低了燃烧的速度。因此,七氟丙烷是利用**冷却灭火和化学抑制**灭火来实现灭火的,同时需要注意,**七氟丙烷对人体有害**。

二、IG541 灭火系统

IG541 混合气体灭火剂是由氮气、氩气、二氧化碳按照一定的比例混合而成,由于这些气体在大气中自然存在,且来源丰富,因此对大气层臭氧没有损耗(臭氧损耗潜能值 ODP=0),也不会加剧地球的"温室效应",更不会产生具有长久影响大气的化学物质。

IG541 混合气体属于**物理灭火**方式。通常防护区空气中氧气的浓度为 21% 和小于 1% 的二氧化碳,当防护区氧气的浓度下降至 15% 以下时,大部分可燃物将停止燃烧。IG541 混合气体释放后,防护区氧气浓度下降至 12.5%,同时二氧化碳浓度提升至 4%。

第二节 气体灭火系统分类和组成

一、系统分类

(一)按使用灭火剂分类

1. 二氧化碳灭火系统

二氧化碳灭火系统以二氧化碳作为灭火介质的气体灭火系统。二氧化碳是一种惰性气体,对燃烧具有良好的**窒息和冷却**作用。

二氧化碳灭火系统按灭火剂存储压力不同可分为高压系统(指灭火剂在常温下储存的系统)和低压系统(指在灭火剂在 $-18 \sim 20℃$ 低温下储存的系统)两种应用形式。管网起点计算压力(绝对压力):高压系统应取 5.17MP,低压系统应取 2.07MP。

2. 七氟丙烷系统灭火系统

七氟丙烷灭火系统以七氟丙烷作为灭火介质的气体灭火系统。七氟丙烷灭火剂属于卤代烷灭火剂系列,具有灭火能力强、灭火剂性能稳定的特点,但与卤代烷 1301 和卤代烷 1211 灭火剂相比,臭氧层损耗能力(ODP)为 0,全球温室效应潜能值(GWP)很小,不会破坏大气环境。但七氟丙烷灭火剂及其分解产物对人有毒害作用,使用时应引起重视。

3. 惰性气体灭火系统

惰性气体灭火系统包括:IG01(氩气)灭火系统、IG100(氮气)灭火系统、IG55(氩气、氮气)灭火系统、IG541(氩气、氮气、二氧化碳)灭火系统。由于惰性气体纯粹来源于自然,是一种五毒、无色、无味、惰性及不导电的纯"绿色"压缩气体,故又称之为结晶气体灭火系统。

(二)按系统结构特点分类

1. 无管网灭火系统

无官网灭火系统是指按一定的应用条件,将灭火剂储存装置和喷放组件等预先设计、组装成套且具有联动控制功能的灭火系统,又称预制灭火系统。该系统又分为柜式气体灭火系统和挂式气体灭火系统两种类型,其适用于较小的、无特殊要求的防护区。

2. 管网灭火系统

管网灭火系统是指按一定的应用条件进行计算,将灭火剂从储存装置经由钢管、支管输送至喷放组件实施喷放的灭火系统。

管网系统又可分为组合分配系统和单元独立系统。

组合分配系统(图 6-1)是指用一套灭火系统存储装置同时保护两个或两个以上防护

区或保护对象的气体灭火系统。组合分配系统的灭火剂设计用量是按最大的一个防护区或保护对象来确定的。如组合中某个防护区需要灭火,则通过选择阀、容器阀来控制,定向释放灭火剂。这种灭火系统的优点是储存容器数和灭火剂用量可以大幅度减少,有较高应用价值。

单元独立系统是指用一套灭火剂储存装置保护一个防护区的灭火系统。一般来说,用单元独立系统保护的防护区在位置上是单独的,其他防护区较远,不便于组合,或是两个防护区相邻,但有同时失火的可能。

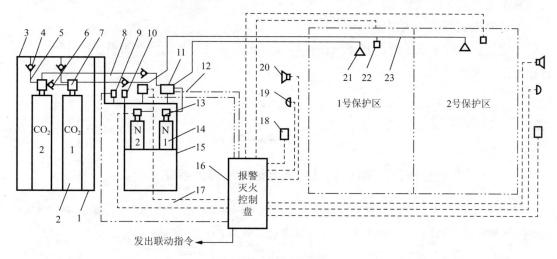

图 6-1　组合分配系统原理图

1-XT 灭火剂储瓶框架;2- 灭火剂储瓶;3- 集流管;4- 液流单向阀;5- 软管;6- 气流单向阀;7- 瓶头阀;8- 启动管道;9- 压力信号器;10- 安全阀;11- 选择阀;12- 信号反馈线路;13- 电磁阀;14- 启动钢瓶;15-QXT 启动瓶框架;16- 报警灭火控制盘;17- 控制线路;18- 手动控制盒;19- 光报警器;20- 声报警器;21- 喷嘴;22- 火灾探测器;23- 灭火剂输送管道

(三)按应用方式分类

1. 全淹没灭火系统

全淹没灭火系统是指在规定的时间内,向防护区喷射一定浓度的气体灭火剂,并使其均匀的充满整个防护区的灭火系统。全淹没灭火系统的喷头均匀布置在防护区的顶部,火灾发生时,喷射的灭火剂与空气混合,迅速在此空间建立有效扑灭火灾的灭火浓度,并将灭火剂浓度保持一段所需要的时间,即通过灭火剂气体将封闭空间淹没实现灭火。

2. 局部应用灭火系统

局部应用灭火系统是指在规定的时间内保护对象以设计喷射率直接喷射气体,在保护对象周围形成局部高浓度,并持续一定时间的灭火系统,局部应用灭火系统应均匀布置在保护对象的四周。火灾发生时,将灭火剂直接而集中的喷射到保护对象上,使其笼罩整个保护对象表面,即在保护对象周围局部范围内达到较高的灭火剂气体浓度实施灭火。

(四)按加压方式分类

1. 自压式气体灭火系统

自压式气体灭火系统是指在灭火剂无需加压而是依靠自身饱和蒸汽压力进行输送的灭火系统。

2. 内储压式气体灭火系统

内储压式气体灭火系统是指灭火剂在瓶组内用惰性气体进行加压储存,系统动作时灭火剂靠瓶组内的充压气体进行输送的灭火系统。

3. 外储压式气体灭火系统

外储压式气体灭火系统是指系统动作时灭火剂由专设的充压气体瓶组按设计压力对其进行充压的灭火系统。

二、系统组成

(一)高压二氧化碳灭火系统、内储压式七氟丙烷灭火系统

这类系统由灭火剂瓶组、驱动气体瓶组(可选)、单向阀、选择阀、驱动装置、集流管、连接管、喷头、信号反馈装置、控制盘、检漏装置、管道关键及吊钩支架等组成,如图6-2所示。

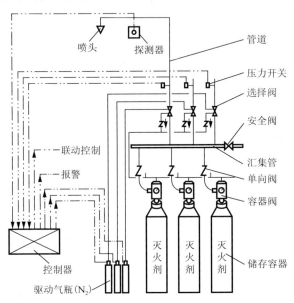

图6-2 高压二氧化碳灭火系统、内储压式七氟丙烷灭火系统

(二)外储压式七氟丙烷灭火系统

该系统由灭火剂瓶组、加压气体瓶组、驱动气体瓶组(可选)、单向阀、选择阀、减压装置、

驱动装置、集流管、连接管、喷头、信号反馈装置、安全泄放装置、控制盘、检漏装置、管道管件及吊钩支架等组成。

(三) 惰性气体灭火系统

惰性气体灭火系统由灭火剂瓶组、驱动气体瓶组（可选）、单向阀、选择阀、减压装置、驱动装置、集流管、连接管、喷头、信号反馈装置、安全泄放装置、控制盘、检漏装置、管道管件及吊钩支架等组成。

(四) 无管网灭火系统

1. 柜式气体灭火系统

该装置一般由灭火剂瓶组、驱动气体瓶组（可选）、容器阀、减压装置（针对惰性气体灭火装置）、驱动装置、集流管（只限多瓶组）、连接管、喷头、信号反馈装置、安全泄放装置、控制盘、检漏装置、管道管件等组成。

2. 悬挂式气体灭火系统

该装置由灭火剂储存容器、启动释放组件、悬挂支架等组成。

三、系统工作原理、操作与控制

(一) 系统的工作原理

1. 高压二氧化碳灭火系统、内储压式七氟丙烷灭火系统与惰性气体灭火系统

当防护区发生火灾时，产生烟雾、高温和光辐射使探测器探测到火灾信号。探测器将火灾信号转变为电信号传达到灭火控制盘。控制盘自动发出声光报警并经逻辑判断后，启动联动装置，经过延时，发出系统启动信号，启动驱动气体瓶组上的容器阀释放驱动气体，打开通向发生火灾的防护区的选择阀，同时打开灭火剂瓶组的容器阀。各瓶组的灭火剂经连接管汇集到集流管，通过选择阀到达安装在防护区内的喷头进行喷放灭火，同时安装在管道上的信号反馈装置动作，将信号传达到控制器，由控制器启动防护区外的释放指示灯和警铃。

2. 外储压式七氟丙烷灭火系统

控制器发出系统启动信号，启动驱动气体瓶组上的容器阀释放驱动气体，打开通向发生火灾的防护区的选择阀，同时打开加压单元气体瓶组的容器阀，加压气体经减压进入灭火剂瓶组。加压后的灭火剂经连接管汇集到集流管，通过选择阀到达安装在防护区的喷头进行喷放灭火。

(二) 操作与控制

采用气体灭火系统的防护区，应设置火灾自动报警系统，其设计应符合《火灾自动报警

系统设计规范》(GB 50116—2013)的规定,并应选用灵敏度级别高的火灾探测器。

采用自动控制启动方式时,根据人员安全撤离防护区的需要,应有不大于30s的可控延迟喷射;对于平时无人工作的防护区,可设置为无延迟的喷射。

灭火设计浓度或实际使用浓度大于无毒性反应浓度(NOAEL浓度)的防护区和采用热气溶胶预制灭火系统的防护区,应设手动与自动控制的转换装置。当人员进入防护区时,应能将灭火系统转换为手动控制方式;当人员离开时,应能恢复为自动控制方式。防护区内外应设手动、自动控制状态的显示装置。

自动控制装置应在接到两个独立的火灾信号后才能启动。手动控制装置和手动与自动转换装置应设在防护区疏散出口的门外便于操作的地方,安装高度为中心点距地面1.5m。机械应急操作装置应设在储瓶间内或防护区疏散出口门外便于操作的地方。

气体灭火系统的操作与控制,应包括对开口封闭装置、通风机械和防火阀等设备的联动操作与控制。

设有消防控制室的场所,各防护区灭火控制系统的有关信息,应传送给消防控制室。

气体灭火系统的电源,应符合现行国家有关消防技术标准的规定;采用气动力源时,应保证系统操作和控制需要的压力和气量。

组合分配系统启动时,选择阀应在容器阀开启前或同时打开。

管网灭火系统应设自动控制、手动控制和机械应急操作3种启动方式。预制灭火系统应设自动控制和手动控制两种启动方式。具体的控制过程如图6-3所示。

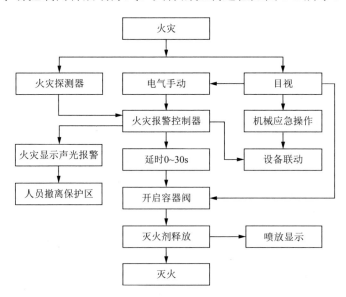

图6-3 气体灭火系统控制过程

1. 自动操作方式

灭火控制器配有感烟火灾探测器和感温火灾探测器。控制器上有手自动开关。

自动操作方式是指控制子系统处于自动工作状态,系统自动完成声光报警和警铃报警、联动控制及灭火整个过程。

联动步骤为：

第一步：防护区内单一类型探测器探测到火灾信号后，气体灭火控制盘启动设在该防护区域内的火警声光信号。

第二步：同一防护区内两种类型探测器同时探测到火灾信号后，控制器发出火灾声光信号，通知有火灾发生，有关人员应撤离现场，并发出联动指令，关闭风机、防火阀等联动设备，经过一段时间延时后，即发出灭火指令。

如在延时阶段发现是系统误动作，或防护区确有火灾发生但仅使用手提式灭火器和其他移动式灭火设备即可扑灭的情况下，工作人员可按下设在防护区域门外的紧急停止开关暂时停止释放药剂（直至系统复位）。如需继续开启气体灭火系统，则只需松开紧急停止开关即可继续完成气体喷放过程。

第三步：延时结束时，控制盘开启系统的启动装置以释放气体，气体通过管道输送到防护区。此时，压力开关上的触点开关动作将气体释放信号传至现场就地气体灭火控制盘，由就地气体灭火控制盘启动防护区外的释放指示灯。防护区域门内外的声光报警器在灭火期间将一直工作，警告所有人员不能进入该防护区域，直至火情熄灭。

2. 手动操作方式

控制器处于手动位置时，灭火控制器处于手动控制状态。当现场人员确认发生火灾后，可按下保护区外控制器操作面板上的"紧急启动按钮"即可启动灭火装置，释放灭火剂，实施灭火。

3. 应急机械操作方式

应急机械操作方式是指自动操作和手动操作均不能启动容器阀或有必要时采用的一种应急操作。该功能在气瓶间完成，通过扳动火灾区域和相应区域的瓶头阀、选择阀手动启动器，人工完成启动气体灭火系统的操作。

第三节　气体灭火系统适用范围

一、适用场所

根据《建筑设计防火规范》（GB 50016—2014）第 8.3.9 规定，下列场所应当设置气体灭火系统。

（1）国家、省级或人口超过 100 万人的城市广播电视发射塔内的微波机房、分米波机房、米波机房、变配电室和不间断电源（UPS）室。

(2)国际电信局、大区中心、省中心和一万路以上的地区中心内的长途程控交换机房、控制室和信令转接点室。

(3)两万线以上的市话汇接局和六万门以上的市话端局内的程控交换机房、控制室和信令转接点室。

(4)中央及省级公安、防灾和网局级及以上的电力等调度指挥中心内的通信机房和控制室。

(5)A、B级电子信息系统机房内的主机房和基本工作间的已记录磁(纸)介质库。

(6)中央和省级广播电视中心内建筑面积不小于$120m^2$的音像制品库房。

(7)国家、省级或藏书量超过100万册的图书馆内的特藏库;中央和省级档案馆内的珍藏库和非纸质档案库;大、中型博物馆内的珍品库房;一级纸绢质文物的陈列室。

(8)其他特殊重要设备室。

注:上述第(1)、(4)、(5)、(8)款规定的部位,可采用细水雾灭火系统。

当有备用主机和备用已记录磁(纸)介质,且设置在不同建筑内或同建筑内的不同防火分区内时,本条第(5)款规定的部位可采用预作用自动喷水灭火系统。

二、分类介绍

(一)二氧化碳灭火系统适用场所

二氧化碳灭火系统可用于扑救:灭火前可切断气源的气体火灾,液体火灾或石蜡、沥青等可熔化的固体火灾,固体表面火灾及棉毛、织物、纸张等深位固体火灾。

该系统不得用于扑救:

(1)硝化纤维、火药等含氧化剂的化学制品火灾。

(2)钾、钠、镁、钛、锆等活泼金属火灾。

(3)氢化钾、氢化钠等金属氢化物火灾。

(二)七氟丙烷灭火系统适用场所

七氟丙烷灭火系统适用于扑救:电气火灾,液体表面火灾或可熔化的固体火灾,固体表面火灾;灭火前可切断气源的气体火灾。

该系统不得用于扑救下列物质的火灾:

(1)含氧化剂的化学制品及混合物,如硝化纤维、硝酸钠等。

(2)钾、钠、镁、钛、锆等活泼金属火灾。

(3)氢化钾、氢化钠等金属氢化物火灾。

(4)能够自行分解的化学物质,如过氧化氢、联氨等。

（三）IG541 灭火系统使用场所

IG541 灭火系统适用于扑救下列火灾：

电气火灾；固体表面火灾；液体火灾；灭火前能切断气源的气体火灾。

该系统不适用于扑救下列火灾：

（1）硝化纤维、硝酸钠等氧化剂或含氧化剂的化学制品火灾。

（2）钾、镁、钠、钛、锆、铀等活泼金属火灾。

（3）氢化钾、氢化钠等金属氢化物火灾。

（4）过氧化氢、联胺等能自行分解的化学物质火灾。

（5）可燃固体物质的深位火灾。

（四）热气溶胶灭火系统使用场所

由于热气溶胶灭火剂会使保护区内的能见度降低，而且吸入灭火剂的超细颗粒对人体也有伤害，所以热气溶胶应用到无人场所或者不经常有人出现的下列场所。

热气溶胶不适用于扑救以下火灾：

（1）无空气仍能迅速氧化的化学物质。如硝酸纤维、火药等。

（2）活泼金属，如钾、钠、镁、钛、钒、铀等。

（3）能自行分解的化学物质，如氧化物、联氨等。

（4）金属氢化物，如氰化钾、氢化钠等。

（5）能自燃的物质，如红磷、白磷等。

（6）强氧化剂，如氧化氨、氟等；可燃固体物的深位火。

由于热气溶胶灭火系统采用多元烟火药制得，所以其性质有别于传统意义上的气体灭火剂。特别是在灭火剂的配方选择上，由于各生产单位相差较大，如若制造工艺或配方选择不尽合理时都可能导致严重的产品质量事故。我国曾先后发生过热气溶胶产品误动作而起火、储存装置爆炸、喷方后损坏电气设备等多起严重事故。因此，热气溶胶预制灭火系统不应设置在人员密集场所、有爆炸危险性的场所及有超净要求的场所。K 型及其他型热气溶胶预制灭火系统不得用于电子计算机房、通信机房等场所。

第四节　气体灭火系统设置要求

气体灭火系统设计应以《气体灭火系统设计规范》（GB 50370—2005），《气体灭火系统施工及验收规范》（GB 50263—2007）等为依据，根据保护对象、系统设备类型、灭火剂种类等不同，确定设计参数。

一、防护区的设置要求

1. 防护区的划分

防护区应根据封闭空间的结构特点和位置来划分,防护区划分应符合下列规定:防护区宜以单个封闭空间划分;同一区间的吊顶层和地板下需要同时保护时,可合为一个防护区;采用管网灭火系统时,一个防护区的面积不应大于 $800m^2$,且容积不宜大于 $3600m^3$,采用预制灭火系统时,一个防护区的面积不宜大于 $500m^2$,且容积不宜大于 $1600m^3$。

2. 耐火性能

防护区围挡结构及门窗的耐火极限均不宜低于 0.5h,吊顶的耐火极限不宜低于 0.25h。

全淹没灭火系统防护区建筑物构建耐火时间(一般为 30min)包括:探测火灾时间、延时时间、释放灭火剂时间及保持灭火剂设计浓度的浸渍时间。延时时间为 30s,释放灭火剂时间对于扑救表面火灾应不大于 1min,对于扑救固体深位火灾不应大于 7min。

3. 耐压性能

防护区围护结构承受内压的允许压强,不宜低于 1200Pa。

4. 泄压能力

对于全封闭的防护区,应设置泄压口,七氟丙烷灭火系统的泄压口应位于防护净高的 2/3 以上。防护的泄压口,宜设置在外墙上。泄压口面积应按气体灭火系统设计规定计算。

5. 封闭性能

在防护区围护构件上不应设置常开孔洞,否则会造成灭火剂流失。当必需设置敞开孔洞时,应设置能自动和手动关闭的装置,在喷放灭火剂前,应能自动关闭防护区内除泄压口外的开口。

二、安全要求

设置气体灭火系统的防护区应设置疏散通道和安全出口,保证人员能在 30s 内撤离完毕。

防护区内的疏散通道及出口,应设应急照明与疏散指示标志。防护区内应设火灾声报警器,必要时,可增设闪光报警器。防护区的入口处应设火灾声、光报警器和灭火剂喷放指示灯,以及防护区采用的相应气体灭火系统的永久性标志牌。灭火剂喷放指示灯信号,应保持到防护区通风换气后,以手动方式解除。

防护区的门应向疏散方向开启,并能自行关闭;用于疏散的门必须能从防护区内打开。灭火后的防护区应通风换气,地下防护区和无窗或设固定窗扇的地上防护区,应设置机械排风装置,排风口宜设在防护区的下部并应直通室外。通信机房、电子计算机房等场所的通风换气次数应不小于 5 次/h。

储瓶间的门应向外开启,储瓶间内应设应急照明;储瓶间应有良好的通风条件,地下储瓶间应设机械排风装置,排风口应设在下部,可通过排风管排出室外。

经过有爆炸危险及变电、配电室等场所的管网、壳体等金属件应设防静电接地。

灭火系统的手动控制与应急操作应有防止误操作的警示显示与措施。

热气溶胶灭火系统装置的喷口前 1.0m 内，装置的背面、侧面、顶部 0.2m 内不应设置或存放设备、器具等。

设有气体灭火系统的场所，宜配置空气呼吸器。

组合分配系统的灭火剂储存量，应按储存量最大的防护区确定。

同一防护区，当设计两套或三套管网时，集流管可分别设置，系统启动装置必须共用。各管网上喷头流量均应按同一灭火设计浓度、同一喷放时间进行设计。

第五节 气体灭火系统的部件及组件

气体灭火系统设备主要由控制系统设备和管网系统设备组成，控制系统设备主要负责电气控制部分，包括保护区信息收集、分析、控制、为外围设备提供电源等。管网系统设备主要负责气体灭火系统灭火剂的储存、释放以及输送。

一、控制系统设备

控制系统由控制盘、继电器模块、探测器、警铃、声光报警器、释放指示灯、紧急停止按钮、紧急释放按钮、DC24V 辅助联动电源等部分组成。

二、管网系统设备

气体灭火系统一般由灭火剂瓶组、驱动气体瓶组、单向阀、选择阀、容器阀组、减压装置、驱动装置、集流管、连接管、喷嘴、信号反馈装置、安全泄放装置等部件组成。

（一）灭火器瓶组

灭火剂瓶组应至少由灭火剂及容器、容器阀、安全泄放装置、灭火剂取样口、检漏装置等组成。

（二）驱动气体瓶组组成

驱动气体瓶组应至少由充装的气体及储存容器、容器阀、安全泄放装置等组成。

（三）容器

容器是用来储存灭火剂和启动气体的重要组件，分为钢制无缝容器和钢制焊接容器。

(四)容器阀组

容器阀组又称瓶头阀,安装在容器上,具有封存、释放、超压排放的功能。

以国内某厂家一瓶头阀为例:瓶头阀由阀主体、启动活塞、压力表、泄压装置等部分组成。其结构是活塞式,安装在储存容器瓶口上。容器阀结构总图见图6-4。

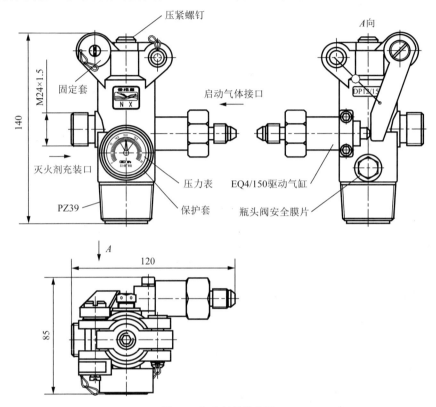

图6-4 瓶头阀结构总图

(五)喷嘴

喷头是用于控制灭火剂的流速和喷射方向的组件,是气体灭火系统的一个关键部件。喷嘴可分为全淹没灭火方式喷嘴和局部应用灭火方式喷嘴。局部应用灭火方式喷嘴又分为架空型和槽边型喷嘴(图6-5)。

图6-5 喷嘴

(六)选择阀

在组合分配系统中,用于控制灭火剂经管网释放到预定防护区或保护对象的阀门,选择阀和防护区——对应(图6-6)。

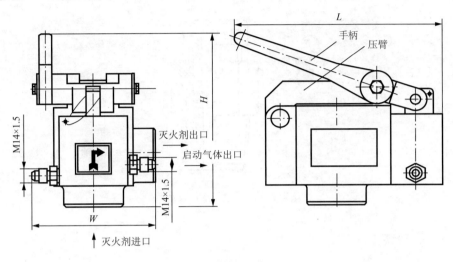

图6-6 选择阀结构总图

(七)逆止阀(单向阀)

单向阀安装在管路的位置可分为灭火剂流通管路单向阀和驱动气体控制管路单向阀。

灭火剂流通管路单向阀安装在连接管与集流管之间,防止灭火剂从集流管向灭火剂瓶组反流。驱动气体控制管路单向阀安装与启动管路上,用来控制气体流动方向,启动特定的阀门。

安装时注意逆止阀上箭头指示(图6-7)。

(八)连接管

连接管可分为容器阀和集流管之间的连接管和控制管路连接管。容器阀与集流管之间连接管按材料分为高压不锈钢连接管和高压橡胶连接管。

图6-7 逆止阀

(九)集流管

集流管是将多个灭火剂瓶组的灭火剂汇集在一起,再分配到各防护区的汇流路(图6-8)。

图6-8 集流管结构总图

(十) 安全泄放装置

灭火剂瓶组和集流管上设置安全泄放装置,以防止瓶组和灭火剂管道非正常受压时爆炸(图6-9)。

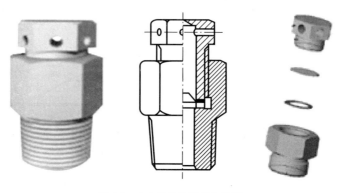

图6-9 安全泄放装置结构总图

(十一) 驱动装置

驱动装置用于驱动容器阀、选择阀使其动作。可分为气体型驱动器、引爆性驱动器、电磁型驱动器、机械性驱动器和燃气性驱动器。

(十二) 检漏装置

系统中压力显示器、减压装置、低泄高封阀均属于检漏装置。

(十三) 低泄高阻阀,又称低通高阻阀

低通高阻阀安装在气灭系统每个分区的启动管路中,当启动装置有微量泄漏时,泄漏的气体从N端口排出,避免气体在管道中积聚升压而引起系统误动作。

系统工作时,由于启动管路中压力迅速增大,低通高阻阀将自动关闭,以确保系统正常启动(图6-10)。

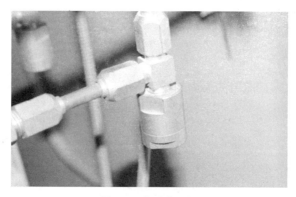

图6-10 低泄高阻阀

（十四）信号反馈装置

信号反馈装置安装在灭火剂释放管路或者选择阀上，将灭火剂释放的压力或流量信息转化为电信号，并反馈到控制中心的装置。有时也称压力开关（图6-11）。

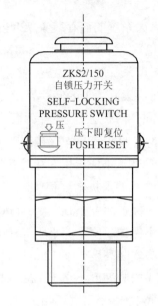

图6-11　压力开关总图

第六节　气体灭火系统的相关规定

一、设计要求

（一）一般要求

（1）采用气体灭火系统保护的防护区，其灭火剂设计用量，应根据防护区内可燃物相应的灭火设计浓度或惰化设计浓度经计算确定。

（2）有爆炸危险的气体、液体类火灾的防护区，应采用惰化设计浓度；无爆炸危险的气体、液体类火灾和固体类火灾的防护区，应采用灭火设计浓度。

（3）几种可燃物共存或混合时，灭火设计浓度或惰化设计浓度，应按其中最大的灭火设计浓度或惰化设计浓度确定。

（4）两个或两个以上的防护区采用组合分配系统时，一个组合分配系统所保护的防护区不应超过 8 个。

(5)组合分配系统的灭火剂储存量,应按储存量最大的防护区确定。

(6)灭火系统的灭火剂储存量,应为防护区设计用量与储存容器的剩余量和管网内的剩余量之和。

(7)灭火系统的储存装置 72h 内不能重新充装恢复工作的,应按系统原储存量的 100%设置备用量。

(8)灭火系统的设计温度,应采用 20℃。

(9)同一集流管上的储存容器,其规格、充压压力和充装量应相同。

(10)同一防护区,当设计两套或三套管网时,集流管可分别设置,系统启动装置必须共用。各管网上喷头流量均应按同一灭火设计浓度、同一喷放时间进行设计。

(11)管网上不应采用四通管件进行分流。

(12)喷头的保护高度和保护半径,应符合下列规定:

①最大保护高度不宜大于 6.5m。

②最小保护高度不应小于 0.3m。

③喷头安装高度小于 1.5m 时,保护半径不宜大于 4.5m。

④喷头安装高度不小于 1.5m 时,保护半径不应大于 7.5m。

(13)喷头宜贴近防护区顶面安装,距顶面的最大距离不宜大于 0.5m。

(14)一个防护区设置的预制灭火系统,其装置数量不宜超过 10 台。

(15)同一防护区内的预制灭火系统装置多于一台时,必须能同时启动,其动作响应时差不得大于 2s。

(16)单台热气溶胶预制灭火系统装置的保护容积不应大于 160m^3;设置多台装置时,其相互间的距离不得大于 10m。

(17)采用热气溶胶预制灭火系统的防护区,其高度不宜大于 6.0m。

(18)热气溶胶预制灭火系统装置的喷口宜高于防护区地面 2.0m。

(二) 系统设置

(1)气体灭火系统适用于扑救下列火灾:

①电气火灾。

②固体表面火灾。

③液体火灾。

④灭火前能切断气源的气体火灾。

注:除电缆隧道(夹层、井)及自备发电机房外,K 型和其他型热气溶胶预制灭火系统不得用于其他电气火灾。

(2)气体灭火系统不适用于扑救下列火灾:

①硝化纤维、硝酸钠等氧化剂或含氧化剂的化学制品火灾。

②钾、镁、钠、钛、铀等活泼金属火灾。

③氢化钾、氢化钠等金属氢化物火灾。

④过氧化氢、联胺等能自行分解的化学物质火灾。

⑤可燃固体物质的深位火灾。

(3)热气溶胶预制灭火系统不应设置在人员密集场所、有爆炸危险性的场所及有超净要求的场所。K型及其他型热气溶胶预制灭火系统不得用于电子计算机房、通信机房等场所。

(4)防护区划分应符合下列规定：

①防护区宜以单个封闭空间划分；同一区间的吊顶层和地板下需同时保护时，可合为一个防护区。

②采用管网灭火系统时，一个防护区的面积不宜大于800m^2，且容积不宜大于3600m^3。

③采用预制灭火系统时，一个防护区的面积不宜大于500m^2，且容积不宜大于1600m^3。

(5)防护区围护结构及门窗的耐火极限均不宜低于0.5h；吊顶的耐火极限不宜低于0.25h。

(6)防护区围护结构承受内压的允许压强，不宜低于1200Pa。

(7)防护区应设置泄压口，七氟丙烷灭火系统的泄压口应位于防护区净高的2/3以上。

(8)防护区设置的泄压口，宜设在外墙上。泄压口面积按相应气体灭火系统设计规定计算。

(9)喷放灭火剂前，防护区内除泄压口外的开口应能自行关闭。

(10)防护区的最低环境温度不应低于-10℃。

二、系统组件

(一)一般规定

(1)储存装置应符合下列规定：

①管网系统的储存装置应由储存容器、容器阀和集流管等组成；七氟丙烷和IG541预制灭火系统的储存装置，应由储存容器、容器阀等组成；热气溶胶预制灭火系统的储存装置应由发生剂罐、引发器和保护箱(壳)体等组成。

②容器阀和集流管之间应采用挠性连接。储存容器和集流管应采用支架固定。

③储存装置上应设耐久的固定铭牌，并应标明每个容器的编号、容积、皮重、灭火剂名称、充装量、充装日期和充压压力等。

④管网灭火系统的储存装置宜设在专用储瓶间内。储瓶间宜靠近防护区，并应符合建筑物耐火等级不低于二级的有关规定及有关压力容器存放的规定，且应有直接通向室外或疏散走道的出口。储瓶间和设置预制灭火系统的防护区的环境温度应为-10～50℃。

⑤储存装置的布置，应便于操作、维修及避免阳光照射。操作面距墙面或两操作面之间

的距离,不宜小于 1.0m,且不应小于储存容器外径的 1.5 倍。

(2)储存容器、驱动气体储瓶的设计与使用应符合《气瓶安全技术监察规程》(TSG R 0006—2014)及《压力容器安全技术监察规程》的规定。

(3)储存装置的储存容器与其他组件的公称工作压力,不应小于在最高环境温度下所承受的工作压力。

(4)在储存容器或容器阀上,应设安全泄压装置和压力表。组合分配系统的集流管,应设安全泄压装置。安全泄压装置的动作压力,应符合相应气体灭火系统的设计规定。

(5)在通向每个防护区的灭火系统主管道上,应设压力信号器或流量信号器。

(6)组合分配系统中的每个防护区应设置控制灭火剂流向的选择阀,其公称直径应与该防护区灭火系统的主管道公称直径相等。

选择阀的位置应靠近储存容器且便于操作。选择阀应设有标明其工作防护区的永久性铭牌。

(7)喷头应有型号、规格的永久性标识。设置在有粉尘、油雾等防护区的喷头,应有防护装置。

(8)喷头的布置应满足喷放后气体灭火剂在防护区内均匀分布的要求。当保护对象属可燃液体时,喷头射流方向不应朝向液体表面。

(9)管道及管道附件应符合下列规定:

①输送气体灭火剂的管道应采用无缝钢管。其质量应符合现行国家标准《输送流体用无缝钢管》(GB/T 8163—2008)、《高压锅炉用无缝钢管》(GB 5310—2008)等的规定。无缝钢管内外应进行防腐处理,防腐处理宜采用符合环保要求的方式。

②输送气体灭火剂的管道安装在腐蚀性较大的环境里,宜采用不锈钢管。其质量应符合《流体输送用不锈钢无缝钢管》(GB/T14976—2002)的规定。

③输送启动气体的管道,宜采用铜管,其质量应符合《拉制铜管》(GB 1527—2006)的规定。

④管道的连接,当公称直径小于或等于 80mm 时,宜采用螺纹连接;大于 80mm 时,宜采用法兰连接。钢制管道附件应内外防腐处理,防腐处理宜采用符合环保要求的方式。使用在腐蚀性较大的环境,应采用不锈钢的管道附件。

(10)系统组件与管道的公称工作压力,不应小于在最高环境温度下所承受的工作压力。

(11)系统组件的特性参数应由国家法定检测机构验证或测定。

(二)操作与控制

(1)采用气体灭火系统的防护区,应设置火灾自动报警系统,其设计应符合现行国家标准《火灾自动报警系统设计规范》(GB 50116—2013)的规定,并应选用灵敏度级别高的火灾探测器。

(2)管网灭火系统应设自动控制、手动控制和机械应急操作三种启动方式。预制灭火系统应设自动控制和手动控制两种启动方式。

（3）采用自动控制启动方式时，根据人员安全撤离防护区的需要，应有不大于30s的可控延迟喷射；对于平时无人工作的防护区，可设置为无延迟的喷射。

（4）灭火设计浓度或实际使用浓度大于无毒性反应浓度（NOAEL浓度）的防护区和采用热气溶胶预制灭火系统的防护区，应设手动与自动控制的转换装置。当人员进入防护区时，应能将灭火系统转换为手动控制方式；当人员离开时，应能恢复为自动控制方式。防护区内外应设手动、自动控制状态的显示装置。

（5）自动控制装置应在接到两个独立的火灾信号后才能启动。手动控制装置和手动与自动转换装置应设在防护区疏散出口的门外便于操作的地方，安装高度为中心点距地面1.5m。机械应急操作装置应设在储瓶间内或防护区疏散出口门外便于操作的地方。

（6）气体灭火系统的操作与控制，应包括对开口封闭装置、通风机械和防火阀等设备的联动操作与控制。

（7）设有消防控制室的场所，各防护区灭火控制系统的有关信息，应传送给消防控制室。

（8）气体灭火系统的电源，应符合现行国家有关消防技术标准的规定；采用气动力源时，应保证系统操作和控制需要的压力和气量。

（9）组合分配系统启动时，选择阀应在容器阀开启前或同时打开。

第二篇 实 务 篇

第七章　火灾自动报警系统设备维护

> **岗位应知应会**
>
> 1. 掌握火灾自动报警系统检修工的日常维护内容及维护原则。
> 2. 能在实际工作中灵活运用书本内容,能够进行简单的维护作业。
>
> **重难点**
>
> 重点:日常检修内容、要求及流程。消防控制室的基本要求。

第一节　消防系统维护原则

火灾自动报警系统的使用单位应有经过专门培训的人员负责进行系统的管理操作和维护。

火灾自动报警系统正式启用时,应具有下列文件资料:系统竣工图以及设备的技术资料;公安消防机构出具的有关法律文书;系统操作规程及维护保养管理制度;系统操作人员名册以及相应的工作职责;值班记录和使用图纸。

火灾自动报警系统的使用单位应建立技术档案,并有电子备份档案,系统的原始技术资料应长期保存。技术档案应包括基本情况和动态管理情况。基本情况包括火灾自动报警系统的验收文件和产品、系统使用说明书、系统调试记录等原始技术资料。动态管理情况应包括火灾自动报警系统值班记录、巡查记录、单项检查记录、联动检查记录、故障处理记录等。

《消防控制室值班记录》和《火灾自动报警系统巡查记录》的存档不少于 1 年;《火灾自动报警系统检验报告》《火灾自动报警系统联动检查记录》的存档不少于 3 年。

第二节　消防系统维护要求及流程

火灾自动报警系统中所有设备都应做好日常维护工作,注意防潮、防尘、防电磁干扰、防冲击、防碰撞等各项安全防护工作,保持设备经常处于正常运行状态。

火灾自动报警系统维护保养作业流程如图 7-1 所示。

气瓶检测工作要由有条件的专门检测单位进行,并出具对应的具有法律效力的检测报告,无检测资质的使用单位不得随意检测,除非经过公安消防监督机构批准认可。

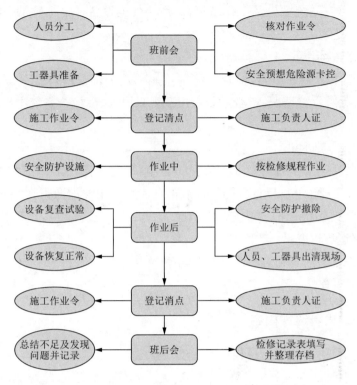

图 7-1　火灾自动报警系统维护保养作业流程图

探测器清洗要由持有生产厂家颁发的作业证书的人员进行,并且清洗后,要对火灾探测器相应阀值和其他的必要功能进行实验,以保证其相应性能符合要求。发现不合格的,应予以报废,不得维修后重新安装使用。

第三节　火灾自动报警系统维护及管理

一、火灾自动报警系统的巡视

设备定期巡视是确保系统正常运行的重要手段。通过定期巡视可以及时发现系统中存在的问题,及时发现,及时处理,确保系统安全,使其正常运行。同时要求巡视人员认真、仔细、全面,要有高度的敏感性和责任感,及时发现问题所在。同时要求巡视人员每次巡视后都应进行详细的记录。

(一)火灾报警巡视内容

系统的巡视包括:系统主机及工作站巡视;系统外围设备(包括感烟探测器、感温探测器、功能模块等)的巡视。

(1)系统主机运行情况:

检查系统主机电源是否正常;检查系统主机显示是否正常;检查主机消防电话是否正常;检查系统主机火警报警情况;检查系统主机监视报警情况;检查系统主机故障报警情况;检查系统主机历史记录情况。

(2)系统工作站运行情况:

检查图形工作站运行是否正常(无火灾、无故障);检查图形工作站的键盘、鼠标、打印机、UPS 工作是否正常(键盘鼠标打印机均能正常使用、UPS 电源正常);图形工作站的火灾报警实时软件运行是否正常(无火警、无故障)。

(3)系统网络运行情况:

通过图形工作站查看该工作站与本站的系统连接正常;通过图形工作站或火灾报警主机查看系统网络节点连接是否正常。

(二)系统外围设备巡视内容

(1)点型感烟、感温探测器的巡检:

观察探测器外观是否良好、完整;观察探测器状态指示灯是否处于正常状态(巡检灯闪)。

(2)手动报警器的巡视:

观察手动报警器的外观是否良好、完整;观察手动报警器状态是否正常(巡检灯闪)。

(3)功能模块巡视:

观察模块箱或模块盒外观是否良好、完整;观察各种功能模块外观是否良好、完整;观察各种功能模块状态指示灯是否处于正常状态(巡检灯闪)。

(4)消防电话巡视:

观察电话插孔、挂箱电话的外观是否良好、完整;观察电话插孔、挂箱电话状态指示灯是否处于正常状态(巡检灯闪)。

(三)气体灭火系统巡视内容

1. 气体灭火报警系统的巡视内容

(1)警示标志巡视:

观察防护区的警示标识牌是否良好、牢固并能阅读;观察防护区的疏散指示灯是否良好、完整。

(2)控制盘及附属设备巡视:

检查控制盘电源是否正常（主电正常）；检查控制盘是否正常工作；检查紧急启动开关、紧急停止开关、手/自动装换开关是否在原位并处于正常工作状态；观察保护区范围内的警铃、声光报警器、放气指示灯等设备是否良好。

(3)保护区内探测器巡视：

观察保护区内烟感探测器、温感探测器是否正常工作；观察保护区内的消防管线是否良好。

2. 气体灭火管网系统巡视内容

观察保护区内的管道及喷嘴是否良好、畅通；观察气体管道是否良好、无凸凹或机械损伤；检查气瓶是否良好、气瓶上的压力指示器指针是否处于绿色区域；检查气瓶瓶头阀、高压软管、集流管、电磁阀、选择阀等设备是否良好；检查气瓶间的各种铭牌、指示标志是否在原位，并且完整。

二、火灾自动报警系统维护的相关规定

检修人员必须严格按照检修规程对系统进行维护及保养，以使系统正常稳定的运行，并按照规定进行管理。

(一)火灾自动报警系统的维护与管理

(1)火灾自动报警系统应保持连续正常运行，不得随意中断。
(2)每日应检查火灾报警控制器的功能，并按要求填写相应的记录。
(3)每季度应检查和试验火灾自动报警系统的下列功能，并按要求填写相应的记录。
①采用专用检测仪器分期分批试验探测器的动作及确认灯显示。
②试验火灾警报装置的声光显示。
③试验水流指示器、压力开关等报警功能、信号显示。
④对主电源和备用电源进行1~3次自动切换试验。
⑤用自动或手动检查消防控制设备的控制显示功能：

A. 检查室内消火栓、自动喷水、泡沫、气体、干粉等灭火系统的控制设备；抽验电动防火门、防火卷帘门，数量不小于总数的25%。

B. 选层试验消防应急广播设备，并试验公共广播强制转入火灾应急广播的功能，抽检数量不小于总数的25%。

C. 检查火灾应急照明与疏散指示标志的控制装置；送风机、排烟机和自动挡烟垂壁的控制设备。

⑥检查消防电梯迫降功能。
⑦应抽取不小于总数25%的消防电话和电话插孔在消防控制室进行对讲通话试验。
(4)每年应检查和试验火灾自动报警系统下列功能，并按要求填写相应的记录。

①应用专用检测仪器对所安装的全部探测器和手动报警装置试验至少 1 次。
②自动和手动打开排烟阀,关闭电动防火阀和空调系统。
③对全部电动防火门、防火卷帘的试验至少 1 次。
④强制切断非消防电源功能试验。
⑤对其他有关的消防控制装置进行功能试验。

(5)**点型感烟火灾探测器投入运行 2 年后,应每隔 3 年至少全部清洗一遍**;通过采样管采样的吸气式感烟火灾探测器根据使用环境的不同,需要对采样管道进行定期吹洗,**最长的时间间隔不应超过一年**;探测器的清洗应由具有相关资质的机构根据产品生产企业的要求进行。探测器清洗后应进行响应阈值及其他必要的功能试验,合格者方可继续使用。不合格的探测器严禁重新安装使用,并应将该不合格品返回产品生产企业集中处理,严禁将离子感烟火灾探测器随意丢弃。可燃气体探测器的气敏元件超过生产企业规定的寿命年限后应及时更换,气敏元件的更换应由具有相关资质的机构根据产品生产企业的要求进行。

(6)不同类型的探测器应有 10% 但不少于 50 只的备品。

(二)气体灭火系统的维护与管理

(1)气体灭火系统投入使用时,应具备下列文件,并应有电子备份档案,永久储存:
①系统及其主要组件的使用、维护说明书。
②系统工作流程图和操作规程。
③系统维护检查记录表。
④值班员守则和运行日志。

(2)气体灭火系统应由经过专门培训,并经考试合格的专人负责定期检查和维护。

(3)应按检查类别规定对气体灭火系统进行检查,并做好检查记录。检查中发现的问题应及时处理。

(4)与气体灭火系统配套的火灾自动报警系统的维护管理应按《火灾自动报警系统施工及验收规范》(GB 50116—2013)执行。

(5)每日应对低压二氧化碳储存装置的运行情况、储存装置间的设备状态进行检查并记录。(仅针对低压二氧化碳灭火系统)。

(6)每月检查应符合下列要求:
①低压二氧化碳灭火系统储存装置的液位计检查,灭火剂损失 10% 时应及时补充。
②高压二氧化碳灭火系统、七氟丙烷管网灭火系统及 IG541 灭火系统等系统的检查内容及要求应符合下列规定:

A. 灭火剂储存容器及容器阀、单向阀、连接管、集流管、安全泄放装置、选择阀、阀驱动装置、喷嘴、信号反馈装置、检漏装置、减压装置等全部系统组件应无碰撞变形及其他机械性损伤,表面应无锈蚀,保护涂层应完好,铭牌和保护对象标志牌应清晰,手动操作装置的防护罩、铅封和安全标志应完整。

B. 灭火剂和驱动气体储存容器内的压力,不得小于设计储存压力的 90%。

C. 预制灭火系统的设备状态和运行状况应正常。

(7)每季度应对气体灭火系统进行 1 次全面检查,并应符合下列规定:

①可燃物的种类、分布情况,防护区的开口情况,应符合设计规定。

②储存装置间的设备、灭火剂输送管道和支、吊架的固定,应无松动。

③连接管应无变形、裂纹及老化。必要时,送法定质量检验机构进行检测或更换。

④各喷嘴孔口应无堵塞。

⑤对高压二氧化碳储存容器逐个进行称重检查,灭火剂净重不得小于设计储存量的 90%。

⑥灭火剂输送管道有损伤与堵塞现象时,应按规定进行严密性试验和吹扫。

(8)**每年应按规定对每个防护区进行 1 次模拟启动试验,并应进行 1 次模拟喷气试验。**

(9)低压二氧化碳灭火剂储存容器的维护管理应按国家现行《压力容器安全技术监察规程》的规定执行;钢瓶的维护管理应按国家现行《气瓶安全监察规程》(TSG R0006—2014)的规定执行。灭火剂输送管道耐压试验周期应按《压力管道安全管理与监察规定》(TSG D0001—2009)的规定执行。

第四节　消防控制室的通用要求

一、一般要求

(1)消防控制室应至少由火灾报警控制器、消防联动控制器、消防控制室图形显示装置或其组合设备组成。

(2)消防控制室应能监控并显示建筑消防设施运行状态信息、显示消防安全管理信息,并向消防远程监控中心(以下称监控中心)传输相关信息。

(3)消防控制室对消防系统及设备的控制、显示、信息传输及信息记录均应满足本标准要求。

(4)**两个及以上消防控制室联网时,上一级消防控制室应能显示下一级消防控制室的消防系统及设备的状态信息,并可对下一级消防控制室进行控制;下一级消防控制室应能将所控制的消防系统及设备的状态信息传输到上一级消防控制室;相同级别消防控制室之间可以互相传输、显示状态信息,但不应互相控制。**

(5)消防控制室的消防设备应为符合国家有关市场准入制度的产品。消防控制室的其他要求应符合国家现行有关标准的规定。

(6)消防控制室系统之间应满足系统兼容性要求。

二、消防控制室管理及应急程序

(一)消防控制室管理

(1)**消防控制室应当实行每日24小时专人值班制度,每班不应少于2人。**

(2)消防控制室应确保火灾自动报警系统和灭火系统处于正常工作状态。

(3)消防控制室应确保高位消防水箱、消防水池、气压水罐等消防储水设施水量充足;确保消防泵出水管阀门、自动喷水灭火系统管道上的阀门常开;确保消防水泵、排烟风机、防火卷帘等消防用电设备的配电柜开关处于自动(接通)位置。

(二)消防控制室应急程序

(1)接到火灾警报后,消防控制室必须立即以最快方式确认。

(2)火灾确认后,消防控制室必须立即将火灾报警联动控制开关转入自动状态(处于自动状态的除外),同时拨打"119"报警。

(3)消防控制室必须立即启动单位内部应急灭火、疏散预案,并应同时报告单位负责人。

三、维修

(1)从事建筑消防设施维修的人员,应当通过消防行业特有工种职业技能鉴定,持有技师以上等级职业资格证书。

(2)值班、巡查、检测、灭火演练中发现建筑消防设施存在问题和故障的,相关人员应填写《建筑消防设施故障维修记录表》,并向单位消防安全管理人报告。

(3)单位消防安全管理人对建筑消防设施存在的问题和故障,应立即通知维修人员进行维修。维修期间,应采取确保消防安全的有效措施。故障排除后应进行相应功能试验并经单位消防安全管理人检查确认。维修情况应记入《建筑消防设施故障维修记录表》。

四、保养

(1)建筑消防设施维护保养应制定计划,列明消防设施的名称、维护保养的内容和周期。

(2)从事建筑消防设施保养的人员,应通过消防行业特有工种职业技能鉴定,持有高级技能以上等级职业资格证书。

(3)凡依法需要计量检定的建筑消防设施所用称重、测压、测流量等计量仪器仪表以及泄压阀、安全阀等，应按有关规定进行定期校验并提供有效证明文件。单位应储备一定数量的建筑消防设施易损件或与有关产品厂家、供应商签订相关合同，以保证供应。

（4）实施建筑消防设施的维护保养时，应填写《建筑消防设施维护保养记录表》，并进行相应功能试验。

五、档案

（一）内容

建筑消防设施档案应包含建筑消防设施基本情况和动态管理情况，基本情况包括建筑消防设施的验收未见和产品、系统使用说明书、系统调试记录、建筑消防设施平面布置图、建筑消防设施系统图等原始技术资料。动态管理情况包括建筑消防设施的值班记录、巡查记录、检测记录、故障维修记录以及维护保养计划表、维护保养记录、自动消防控制室值班人员基本情况档案及培训记录。

（二）保存期限

（1）建筑消防设施的原始技术资料应长期保存。

（2）《消防控制室值班记录表》《建筑消防设施巡查记录表》的存档时间不应少于一年。

（3）《建筑消防设施检测记录表》《建筑消防设施故障维修记录表》《建筑消防设施维护保养计划表》《建筑消防设施维护保养记录表》的存档时间不应少于 5 年。

第八章　火灾自动报警系统故障处理

> **岗位应知应会**
>
> 1. 了解火灾自动报警系统较为常见的故障,并通过对常见故障的了解,更清楚地认识到需要重点检修、保养的部位。
> 2. 了解常见故障及其处理方法。
> 3. 了解设备重大故障的原因。
>
> **重难点**
>
> 重点:检修中常见的故障及处理方法。
> 难点:重大故障的分析及处理。

第一节　常见故障及处理方法

一、火灾探测器常见故障

(1)故障现象:火灾报警控制器发出故障报警,故障指示灯亮,打印机打印探测器故障类型、时间、部位等。

(2)故障原因:探测器与底座脱落、接触不良;报警总线与底座接触不良;报警总线开路或接地性能不良造成短路;探测器本身损坏;探测器接口板故障。

(3)排除方法:重新拧紧探测器或增大底座与探测器卡簧的接触面积;重新压接总线,使之与底座有良好接触;查出有故障的总线位置,予以更换;更换探测器;维修或更换接口板。

二、主电源常见故障

(1)故障现象:火灾报警控制器发出故障报警,主电源故障灯亮,打印机打印主电故障、时间。

(2)故障原因:市电停电;电源线接触不良。

(3)排除方法:连续停电 8h 时应关机,主电正常后再开机;重新接主电源线,或使用电烙铁焊接牢固。

三、备用电源常见故障

（1）故障现象：火灾报警控制器发出故障报警，备用电源故障灯亮，打印机打印备电故障、时间。

（2）故障原因：备用电源损坏或者电压不足；备用电池接线不良。

（3）排除方法：开机充电 24h 后备电仍报故障，则更换备用蓄电池；用电烙铁焊接备用的连接线，使备电与主机良好接触。

四、通信常见故障

（1）故障现象：火灾报警控制器发出故障报警，通信故障灯亮，打印机打印通信故障、时间。

（2）故障原因：区域报警控制器或者火灾显示盘损坏或者未通电、开机；通信接口板损坏；通信线路短路、开路或者接地性能不良造成短路。

（3）排除方法：更换设备，使设备供电正常，开启报警控制器；检查区域报警器与集中报警控制器的通信线路，若存在开路、短路、接地接触不良等故障，则更换线路；检查区域报警器与集中报警控制器的通信板，若存在故障，则维修或更换通信板；若因为探测器或模块等设备造成通信故障，则更换或维修相应设备。

第二节　火灾自动报警系统重大故障

一、强电串入火灾自动报警及联动控制系统

（1）产生原因：主要是弱电控制模块与被控设备的启动控制柜的接口处，如卷帘、水泵、防排烟风机、防火阀等处发生强电的串入。

（2）排除方法：控制模块与被控设备间增设电气隔离模块。

二、短路或接地故障引起的控制器损坏

（1）产生原因：传输总线与大地、水管、空调管等发生电气连接，从而造成控制器接口板的损坏。

（2）解决方法：按要求做好线路连接和绝缘处理，使设备尽量与水管、空调管隔开，保证

设备和线路绝缘电阻满足设计要求。

第三节 火灾自动报警系统误报的原因

一、产品质量

产品技术指标达不到要求,稳定性比较差,对使用环境中的非火灾因素,如温度、湿度、灰尘、风速等引起的灵敏度飘移得不到补偿或者补偿能力差,对各种干扰及线路分析参数的影响无法自动处理而误报。

二、设备选型或布置不当

1. 探测器选型不合理

在选择火灾探测器种类时,要根据探测区域内可能发生的初期火灾的形成和发展特征、环境条件以及可能引起误报的原因等因素来决定。

2. 使用场所性质改变后未及时更换相适应的探测器

例如,将办公室、商场改为厨房、洗浴房、会议室等时,原来的感烟探测器将会受到新场所产生的油烟、水蒸气、粉尘等因素,引起火警误报。

三、环境因素

(1)电磁干扰对火灾自动报警系统设备的正常工作影响较大,为保证系统设备正常运行,要求控制室周围不布置干扰场强超过消防控制室设备承受能力的其他设备用房。

(2)气流可影响烟气的流动线路,对离子感烟探测器影响比较大,对光电感烟探测器也有一定的影响。

(3)感温探测器布置距离高温光源过近。

(4)光电感烟探测器安装在可能产生黑烟和大量粉尘、可能产生水蒸气和油雾等的场所。

四、其他原因

(1)系统接地被忽视或者达不到要求,线路绝缘达不到要求,线路接头压接不良,布线不合理,系统开通前对防尘、防潮、防腐措施处理不当。

(2)元件老化,一般探测器使用寿命约为 10 年,投入使用两年后,每三年要求全面清洗一次。

(3)灰尘和昆虫影响。据有关统计,60% 的误报是灰尘影响。

(4)探测器损坏。

第九章　火灾自动报警系统维修工具的使用

> **岗位应知应会**
>
> 1. 认识并了解检修工的常用工器具、仪器仪表。
> 2. 会使用工器具、仪器仪表。
>
> **重难点**
>
> 重点：工器具及仪器仪表的使用。

第一节　常用维修工具

工具是人类社会进化的一个里程碑。古语说"工欲善其事，必先利其器"，可见工具的使用显得很重要。同样在火灾自动报警系统设备维修维护中，工具的使用也是必不可少的，熟练掌握工具的使用将有助提高工作效率及生产工艺。

维修工具包为每个维修人员各配备一套常用工具，具体配置见表9-1。

维修工器具列表　　　　表9-1

序号	工具名称	规格型号	单位	数量	用　途
1	十字螺丝刀	φ5×75	把	1	拆装设备零部件
2	十字螺丝刀	φ7.5×40	把	1	拆装设备零部件
3	十字螺丝刀	φ7.5×150	把	1	拆装设备零部件
4	十字螺丝刀	φ5×150	把	1	拆装设备零部件
5	一字螺丝刀	φ3×100	把	1	拆装设备零部件
6	一字螺丝刀	φ5×150	把	1	拆装设备零部件
7	一字螺丝刀	φ2×40	把	1	拆装设备零部件
8	不锈钢直镊子	1PK-TZ003	把	1	多用于纸币处理模块、打印机取出卡纸
9	尖嘴钳	150m/m	把	1	零部件拆卸与紧固
10	斜口钳	125m/m	把	1	多用于剪掉扎带、线缆头
11	手钳(老虎钳)	150m/m	把	1	设备零部件机械矫正
12	内六角扳手	毫米9支组	套	1	拆装设备零部件
13	皮老虎	橡胶	个	1	清除敏感元器件表面灰尘
14	手持式恒温电烙铁	55W	个	1	线缆、线头的焊接

续上表

序号	工具名称	规格型号	单位	数量	用途
15	活动扳手	12"	把	1	拆装、紧固设备零部件
16	活动扳手	6"	把	1	拆装、紧固设备零部件
17	测电笔	电子显 220～250V	把	1	设备电源、线缆带电的检测
18	不锈钢剪刀	直头	把	1	多用于剪掉扎带、线缆头
19	软毛刷	防静电	把	1	清除敏感元器件等表面灰尘
20	对讲机	800m 手持台	台	1	接报故障及信息沟通

第二节　常用仪表仪器

仪器仪表是指检测、分析、测试电子产品性能、质量、安全的装置。帮助维修人员快速检测、判断出部件性能好坏。

设备维护维修常用的仪器仪表有数字万用表、网线钳及测试仪、兆欧表、内阻测试仪、可调稳压电源等。

一、数字万用表

数字万用表用于基本故障诊断的便携式装置,主要功能就是对电压、电流、电阻和二极管进行测量。

1. 电压的测量(图 9-1)

万用表调整为电压挡及适当量程,万用表并联在电路中("V-"表示直流电压挡,"V～"表示交流电压挡)。数值可以直接从显示屏上读取。

2. 电流的测量(图 9-2)

万用表调整为电流挡及适当量程,万用表串联在电路中。("A-"表示直流电流挡,"A～"表示交流电流挡)。数值可以直接从显示屏上读取。

需要特别指出的是,如果误用数字万用表的电流挡测量电压,很容易将万用表烧坏。因此,在先测电流,再测电压时要格外小心,注意随即改变转盘和表笔的位置。

3. 电阻的测量(图 9-3)

万用表调到欧姆挡"Ω"及选择适当量程,万用表与被测电阻并联,待接触良好时读取数值。

4. 二极管的测量(图 9-4)

将万用表调到二极管挡,用红表笔接二极管的正极,黑表笔接负极,两表笔与被测二极管并联,这时会显示二极管的正向压降。利用二极管挡测试对地阻值判断电路是否开路或短路。

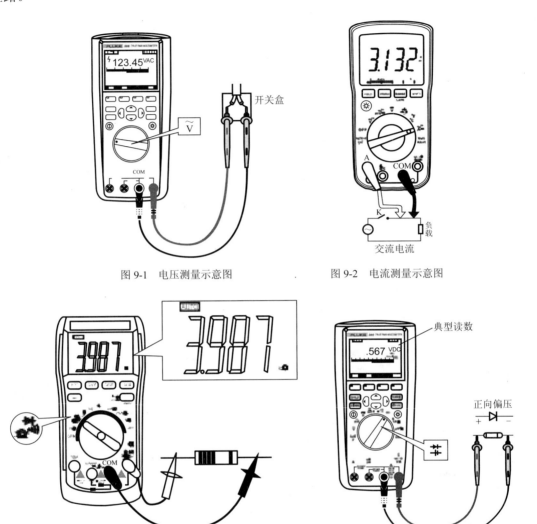

图 9-1 电压测量示意图　　图 9-2 电流测量示意图

图 9-3 电阻测量示意图　　图 9-4 二极管测量示意图

二、网线钳及测试仪

网络电缆测试仪(图 9-5),可以对双绞线 1、2、3、4、5、6、7、8、G 线对进行逐根(对)测试,可区分判定哪一根(对)错线,短路和开路。网线钳是用来压接网线或电话线和水晶头的工具。

1. 使用网线钳(图 9-6)**制作水晶头简单六步骤**(图 9-7)

(1)把线放在网线钳缺口地方转一周,把外壳去掉。

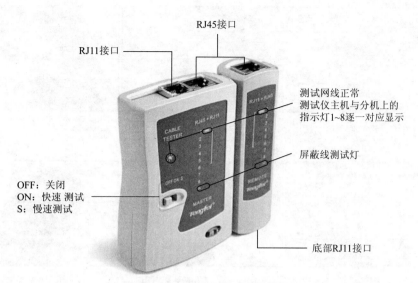

图 9-5 网络电缆测试仪

（2）按顺序排好线，白橙、橙、白绿、蓝、白蓝、绿、白棕、棕剪剩下 1cm 长度。
（3）排好线后，拿着水晶头正面向上（没有扣的一面）。
（4）顺着水晶头线槽用力把排好的线插到位压实。
（5）再将水晶头放到网线钳内，用力压下去便完成制作。
（6）制作完成后需用测线仪进行测试灯全亮制作完成。

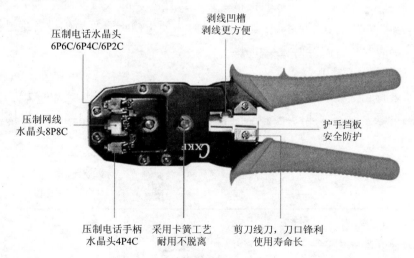

图 9-6 网线钳

2. 测线仪的使用

将网线的两端水晶头插入测线仪 RJ45 端口，一段发射信号，一段反馈信号，信号灯将依次闪过，如果有间隔灯未亮过说明网线两边序列不一样。568B 标准（通常我们都用此种）：橙白——1，橙——2，绿白——3，蓝——4，蓝白——5，绿——6，棕白——7，棕——8。

 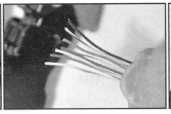 

1.将线头放入专用剪口处,稍微用力一剪　　2.取出线头,线背剥开,理清线序　　3.将网线剪齐

4.将网线插入水晶头,并且检查网线　　5.将水晶头放入相应钳口,用手　　6.压制水晶头完成

图 9-7　网线钳使用步骤

三、兆欧表

兆欧表是专供用来检测电气设备、供电线路的绝缘电阻的一种便携式仪表。电气设备绝缘性能的好坏,关系到电气设备的正常运行和操作人员的人身安全。为了防止绝缘材料由于发热、受潮、污染、老化等原因所造成的损坏,为便于检查修复后的设备绝缘性能是达到规定的要求,都需要经常测量其绝缘电阻。

1. 兆欧表的接线(图 9-8)

(1)兆欧表有三个接线端钮,分别标有 L（线路）、E（接地）和 G（屏蔽）。

(2)当测量电力设备对地的绝缘电阻时,应将 L 接到被测设备上,E 可靠接地即可。

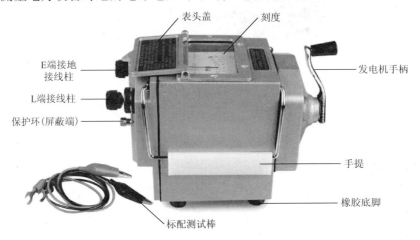

图 9-8　兆欧表

2. 兆欧表的检测（图9-9）

（1）开路试验。在兆欧表未接通被测电阻之前，摇动手柄使发电机达到120r/min的额定转速，观察指针是否指在标度尺"∞"的位置。

（2）短路试验。将端钮L和E短接，缓慢摇动手柄，观察指针是否指在标度尺的"0"位置。

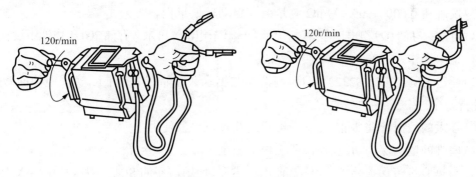

图9-9　兆欧表检测示意图

3. 兆欧表使用的注意事项

（1）观测被测设备和线路是否在停电的状态下进行测量。并且兆欧表与被测设备间的连接导线不能用双股绝缘线或绞线，应用单股线分开单独连接。

（2）将被测设备与兆欧表正确接线。摇动手柄时应由慢渐快至额定转速120r/min。

（3）正确读取被测绝缘电阻值大小。同时，还应记录测量时的温度、湿度、被测设备的状况等，以便于分析测量结果。

（4）兆欧表未停止转动之前或被测设备未放电之前，禁用手触及，防止人身触电。

四、内阻测试仪

目前，内阻的测试已被广泛应用于电池的日常维护，取代过去的电压检查法。因为内阻是反映电池内部的参数，电池的内阻已被公认是准确且快速判断电池健康状况的重要参数。

蓄电池内阻测试仪（图9-10）是快速准确测量电池运行状态参数的数字存储式多功能便携式测试仪器。该仪表通过在线测试，能显示并记录多组电池电压、内阻、连接条电阻等电池重要参数，精确有效地判别电池优良状况，并可与计算机及专用电池数据分析软件一起构成智能测试设备，进一步跟踪电池的衰变趋势，并提前报警，以利于工程技术及管理人员酌情处理。

1. 主要功能

（1）在线测量电池的电压、内阻等参数。

（2）电池内阻、电压超限报警。

图9-10　蓄电池内阻测试仪

（3）电池参数全部按分组编号，便于数据管理。

（4）配套强大的计算机电池状态智能分析软件，实现电池的"病历"跟踪分析。

2. 主要特点

（1）高精度在线测试，全自动量程转换，大容量数据存储。

（2）仪表在 0.000～99.999mΩ 测量范围自动转换量程。

（3）可永久存储 999 组电池参数（每组最多 500 节电池），可永久存储 200 组电池组设置参数。

（4）菜单操作，320×240 汉字液晶显示。

（5）通过 USB（或 RS232）接口，将测试数据永久存储在 PC 机上，实现电池的"病历"跟踪分析。

（6）强大的数据管理功能，使仪表可脱离计算机单独使用。

（7）增强的过压保护功能，使仪器工作更安全可靠。

（8）自恢复过流保护功能，使仪器使用更方便，使用最新的 SOC 芯片，使电路大大简化，提高仪表可靠性。

（9）大容量锂电池与适配器两套电源供电，方便用户。

（10）电池欠压智能提示，确保测试精度。

（11）体积小，重量轻，自动测试模式方便用户测量。

（12）完善的 PC 机测试数据分析管理软件，自动分析判断电池的劣化状态。

（13）形成历史记录库，描述电池状态曲线，同组电池对比分析，所有电池分级管理（优良中差）。

五、光纤熔接机

光纤熔接机主要用于光通信中光缆的施工和维护，主要是靠放出电弧将两头光纤熔化，达到熔接的目的。

（一）使用场景

光纤的连接：活动连接（连接头连接）。

熔融连接（光纤熔接机）。

化学黏剂连接（有些实验室采用）。

我们知道光纤通信本身的优点很多，但其连接不像电线连接那么简单，光纤熔接机就是利用电弧放电原理对光纤进行熔接的机器。

（二）熔接机使用方法

1. 工具

主机、切割刀、光纤、剥线钳、酒精（99% 工业酒精最好，用 75% 的医用酒精也可）、棉花

（用面巾纸也可）、热缩套管。

2. 放电实验

目的：让光纤熔接机适应当前的环境。

为什么做：更好地适应环境，放电更充分，熔接效果更好。

步骤：

（1）加入光纤，选择"放电实验"功能，按"SET"键即可，屏幕显示出放电强度，直到出现"放电 OK"为止。

（2）空放电。

①海拔变化时（一般超过 1000m）。

②在更换电极后一定需要做放电实验。

③纬度变化时。

3. 确认所熔接的光纤类型和需要加热的热缩套管类型

光纤类型：在熔接模式中选择 SMF、MF、DSF、NZDF（对应的熔接模式）等。

热缩套管类型：在加热模式中选择，一般热缩套管分 40mm、60mm 两种，当然也有生产厂家按照自己生产的光纤熔接机来定做热缩套管。不要让其出现不匹配现象。

4. 制备光纤

光纤：纤芯、涂覆层、包层。

需要熔接的是裸纤，即纤芯。用光纤剥线钳剥除一段裸光纤出来，用酒精棉清洁干净，然后用光纤切割刀进行切割，切割长度按照上面参数来确定，切割刀上面有尺寸刻度，注意保持切割的端面。

垂直状态，误差一般是 2°以内。1°以内，注意先清洁后切割。

放置热缩套管，在切割前做完这个动作。

5. 熔接

光纤切好后，把光纤放入光纤熔接机 V 形槽端面内的位置。在直线与电极棒中心直线中间 1/2 的地方，放好光纤压板，放下压脚（另一侧同），盖上防风盖，按 SET 键，开始熔接。整个过程需要 15s 左右的时间（不同熔接机的耗时不一样，大同小异），屏幕上出现两个光纤的放大图像，经过调焦、对准一系列的位置后开始熔接。熔接完成后，把热缩套管放在需要固定的部位，把光纤的熔接部位放在热缩套管的正中央，一定要放在中间，给其一定的张力，注意不要让光纤弯曲，拉紧，盖上盖，按 HEAT 键，下面指示灯会亮起，持续 90s 左右，机器会警告加热过程完成，同时指示灯也会不停闪烁，拿出冷却，这样一个完整的熔接过程就算完成了。

6. 整理

整理工具，放到指定的位置，收拾垃圾，收拾时注意碎小的光纤。

7. 在操作过程应注意的问题

（1）清洁，光纤熔接机的内外，光纤的本身，V 形槽，光纤压脚等部位。

（2）切割时，保证切割端面 89°±1°，近似垂直，在把切好的光纤放在指定位置的过程中,光纤的端面不要接触任何地方,碰到则需要我们重新清洁、切割。注意,一定要先清洁后切割。

(3)将光纤放入光纤熔接机V形槽端面内的位置时,不要太远也不要太近,要放在1/2处。要求该操作要达到熟练程度。

(4)在熔接的整个过程中,不要打开防风盖。

(5)加热热缩套管,该过程学名叫接续部位的补强。加热时,光纤熔接部位一定要放在正中间,加一定张力,防止加热过程出现气泡、固定不充分等现象。注意的是加热过程和光纤的熔接过程可以同时进行,加热后拿出时,不要接触加热后的部位,此时温度很高,应避免发生危险。

(6)光纤是玻璃丝,很细而且很硬。整理工具时,应注意碎光纤头,防止危险。

(三)一般的日常维护

保洁工具(常用):棉花、棉签棒、光纤本身、空气气囊、酒精。

需要清洁的部位:光纤接头。

光纤压脚:用棉花棒蘸酒精按同一方向擦拭。

V形槽:有专门的清洁工具,没有的话可以用酒精棒,也可以用裸光纤来清洁,一般多用空气气囊吹气,但是避免用口吹气,那样有湿气。

清洁V形槽:熔接机调节芯方向的上下驱动范围各只有数十微米,稍有异物就会使光纤图像偏离正常位置,造成不能正常对准。这时候需及时清洁V形槽。

具体过程如下:

(1)掀起熔接机的防风罩。

(2)打开光纤压头和夹持器压板。

(3)用棉签棒(或将牙签削尖)沾无水酒精单方向擦拭V形槽即可。

注意:切忌用硬质物清洁V形槽或在V形槽上用力,避免损坏V形槽或使V形槽失准,造成仪表不能正常使用。

对于光学系统:

组成:反光镜保护片、LED照明灯、CCD摄像头。

清洁用酒精棒擦拭对于光纤切割刀同上,避免有物体接触刀刃部位。

(四)耗材

主要是光纤切割刀的刀片和放电用的电极。

刀片寿命:12个面,每个面切割2500次左右,寿命3万次。

电极寿命:一般放电超过2000次就要更换。

注意:在保洁、更换电极刀片的时候,避免任何形式的和刀片电极部位的接触,以免造成伤害。

第三节　专用维修工具

烟/温感测试仪

烟/温感测试仪（图9-11）主要用于火灾自动报警系统调试、验收和维护检查。对感温（定温、差定温）探测器进行火灾响应试验时，使探测器加热升温，模拟火灾条件下探测器所处环境温度变化情况。

图9-11　烟/温感测试仪

1. 烟/温感测试仪使用方法

烟/温感测试仪基体与头部分离（逆时针旋转），将棒香点燃直接推入香座。（棒香燃烧部位朝下，注意保证棒香在烟管的中心垂直位置，并留10mm尾部露出，以方便取出残香）。

将烟感测试仪与伸缩杆配合好，拉到所需工作长度，然后把试验器顶端浮动开关顶在被检探测器下端（出烟口预先调整到正好对正探测器进烟窗口位置），此时机内线路接通，绿色指示灯亮，风泵开始工作。这时，应开始记录响应时间，待探测器报警指示后，移开加烟试验器，风泵自动切断电源，绿色指示灯灭。

2. 烟/温感测试仪使用注意事项

（1）不得碰撞，摔打。

（2）严禁无保护套过炉。

（3）保持内部电路板清洁，不得随意打开设备内部工作仪器上盖。

（4）经常检查仪器上的螺钉是否松动，发现松动立即拧紧。

（5）更换电池时不得随意用力拉扯电源线，以免拉断电源线。

（6）在不使用KIC时，请不要打开电源，要节约用电。

（7）电池建议使用碱性电压，因其很稳定。在电池电压低于使用电压时需及时更换。

第十章　火灾自动报警系统实操平台搭建

> **岗位应知应会**
>
> 1. 通过实操平台，认识所有火灾自动报警系统的设备。
> 2. 能看懂基本的图纸，认识图纸上的各元器件，并能通过平台自主进行试验。

第一节　火灾自动报警系统实操平台搭建

该实操平台主要为火灾自动报警系统控制部分设备，包括火灾自动报警主机、气体灭火控制盘、消防电话主机、警铃、声光报警器、探测器等信号输入输出，对其进行功能模拟测试。

一、搭建平台目的

（1）模拟车站内火灾自动报警系统设备的工作情况，帮助员工了解车站设备工作原理。
（2）模拟火灾自动报警系统设备常见故障，提高员工故障判断处理能力。
（3）模拟火灾自动报警系统火灾联动时设备动作情况，帮助员工了解 FAS 专业与各专业接口通信方式。
（4）能够对火灾自动报警系统内各设备功能进行测试，了解各设备工作原理。
（5）模拟车站气体灭火控制部分设备工作情况，使员工了解气灭系统工作方式。
（6）模拟气体灭火一级火警和二级火警设备工作状态，帮助员工区分一级火警和二级火警设备联动的不同。
（7）模拟气瓶间压力开关动作后气灭控制盘工作状态，帮助员工了解气瓶间喷气后气灭系统工作状态。
（8）模拟气灭系统控制部分常见故障，提高员工故障判断处理能力。
（9）能够对气灭控制系统内各设备功能进行测试，了解各设备工作原理。

二、平台搭建方案

（图 10-1、图 10-2）

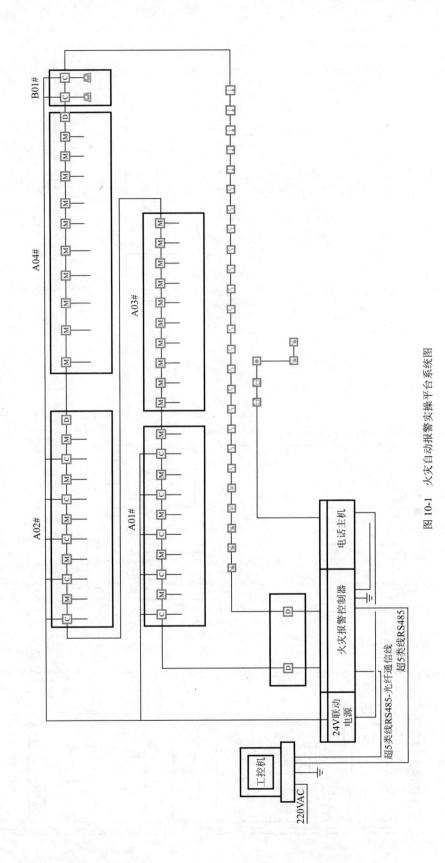

图 10-1 火灾自动报警实操平台系统图

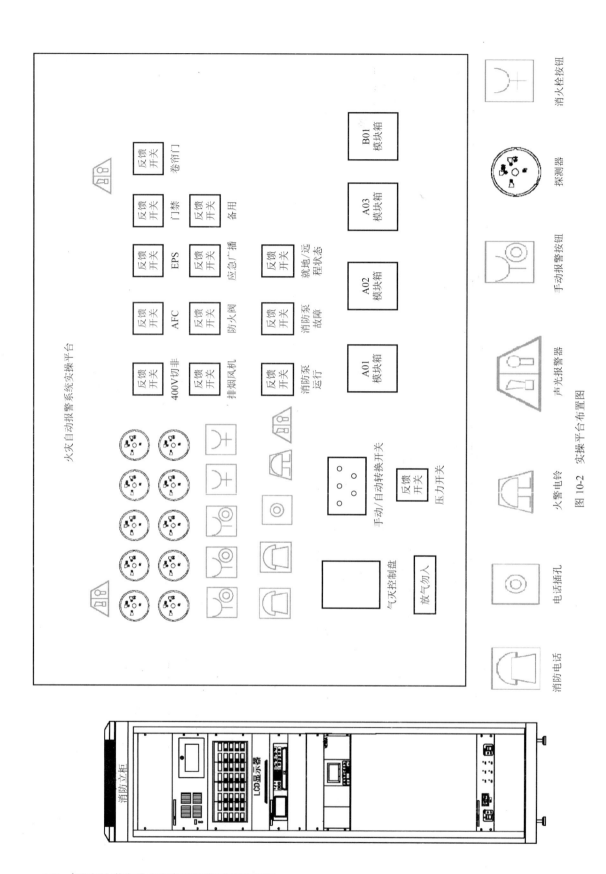

图 10-2 实操平台布置图

三、搭建平台所需设备

实操平台共设置一套火灾报警控制器、一套图形工作站、一台消防电话主机、一台气体灭火控制盘、若干探测器、手报按钮、消火栓按钮、输入模块、输出模块、电话分机、插孔电话、警铃、声光报警器，若干模拟设备继电器等，其软硬件配置相当于一个车站的火灾自动报警系统，可模拟车站的报警、联动、故障等功能（表10-1）。

实操平台设备清单　　　　　　　　　　　　　　表10-1

序号	设备名称	单位	数量
1	消防立柜	台	1
2	火灾报警控制器	套	1
3	FAS图形工作站	套	1
4	智能型感烟探测器	个	5
5	智能型感温探测器	个	5
6	手动报警按钮（带电话插孔）	个	3
7	声光报警器	个	3
8	警铃	个	1
9	输入模块	个	30
10	输出模块	个	12
11	隔离模块	个	4
12	消火栓按钮	个	2
13	消防电话主机	台	1
14	消防壁挂电话	个	2
15	手提式插孔电话	个	1
16	消防电话插孔	个	1
17	12位模块箱	个	3
18	4位模块箱	个	1
19	继电器	个	10
20	气体灭火控制盘	个	1
21	手动/自动转换开关	个	1
22	反馈开关	个	13

四、搭建平台步骤

为提高员工实操动手能力，FAS实操平台计划由员工自行完成设备布线、设备安装、调试工作，设备厂家提供技术支持。

平台搭建步骤：

（1）根据实操平台设备清单准备好所需设备，工器具。
（2）根据实操平台布置图将设备底座按要求固定安装。
（3）设备底座安装完毕后完成线缆敷设。
（4）设备安装并加电调试。
（5）测试火灾自动报警系统各项功能正常，平台搭建完成。

第二节　气体灭火系统实操平台搭建

一、搭建平台目的

（1）了解气体灭火系统管网部分设备组成。
（2）了解气体灭火系统管网部分工作原理。

二、搭建平台方案（图10-3、表10-2）

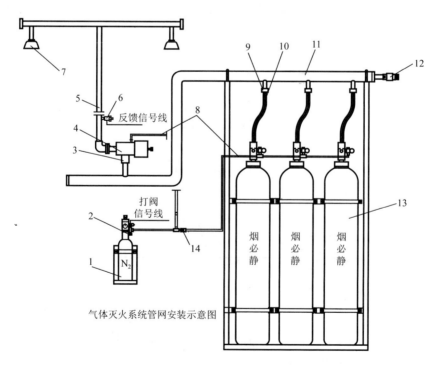

图10-3　气体灭火系统管网安装示意图

气体灭火系统管网设备名称　　　　　　表 10-2

编 号	名　称	编 号	名　称
1	启动瓶组（含固定框架）	8	启动管路
2	低通高阻阀	9	液流单项阀
3	减压装置	10	金属高压软管
4	选择阀	11	集流管
5	灭火剂输送管道	12	安全阀
6	压力开关	13	储气瓶组（含固定框架）
7	喷头	14	气体单向阀

三、搭建平台所需设备

基于气体灭火系统储气钢瓶组质量较大，在搭建以及操作过程中，存在较大的安全风险，因此气体灭火系统管网部分实操平台搭建不采用实际设备，而是采用卡片的形式进行搭建。

四、搭建平台步骤

（1）在卡片上打印出设备的图形和名称代替实物。例如，在卡片上印上启动瓶的图片，则该卡片代表启动瓶组。
（2）用不同颜色的线，代表现场的启动管路、金属高压软管和灭火剂输送管道。
（3）按设备实际连接方式，将卡片连接起来。
（4）平台搭建重点在于了解气体灭火系统管网部分的设备组成，各设备作用及工作方式。

第三节　智能疏散系统平台搭建

一、搭建平台目的

了解智能疏散系统设备组成；了解智能疏散系统工作原理及应急控制方式。

二、搭建平台方案（图10-4）

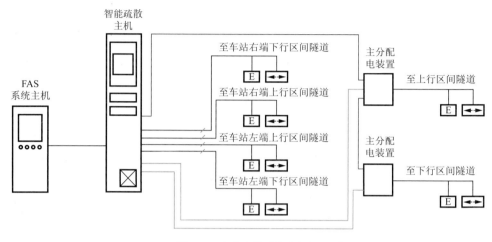

图10-4　智能疏散系统连接图

三、搭建平台所需设备

智能疏散控制主机一套，主分配电装置两套，智能疏散双向指示灯具若干，智能疏散安全出口指示灯若干，相关线缆若干。

四、搭建平台步骤

（1）按照智能疏散系统连接图要求将各设备连接完毕。
（2）根据设备操作说明完成控制器应急疏散方案设置。
（3）对智能疏散系统灯具加电调试，控制器下发应急疏散指令。
（4）调试完成后与火灾自动报警系统平台完成通信连接。
（5）测试智能疏散系统接收FAS系统火警信号后启动正确的应急模式，智能疏散系统平台搭建完成。

第十一章 典型故障案例分析

> **岗位应知应会**
>
> 1. 针对具体的故障进行原因分析,了解故障分析的方法。
> 2. 了解故障原理,并培养举一反三的能力。
>
> **重难点**
>
> 重点:探测器、模块等的处理方法。

火灾自动报警系统是指提前发现轨道交通区域火灾,通过及时发现火灾进行应急救灾处理的重要系统,而维持系统稳定运行的关键就是系统的维护保养。除了日常巡视以及按照检修周期与内容对系统进行维护之外,在系统出现故障时必须尽快处理,避免影响整个系统的运转。

下面介绍火灾自动报警系统部分故障的现象以及处理办法,供读者参考。

一、控制盘

1. 控制盘掉电

(1)现象:控制盘无显示,所有指示灯熄灭。

(2)处理方法:检查电源切换箱开关是否处于关闭状态。若是,重新对开关进行送电。若开关正常,使用万用表对控制盘的电源输入端进行测量。若无电压,将该故障迅速报给电气专业检修人员。

2. 蓄电池故障

(1)现象:控制盘报蓄电池故障或后备电源故障,电源切换时,控制盘无法转换为蓄电池供电状态。

(2)处理方法:检查蓄电池接线是否松动。若接线连接松开,对接线进行紧固;若蓄电池接线情况良好,对蓄电池电压进行测量,若发现电压过低或无电压,对蓄电池进行更换。

二、图形工作站

1. 计算机断电或死机

(1)现象:显示器及主机指示灯不亮,或操作鼠标及键盘时系统无反应。

（2）处理方法：GCC 断电时，待电源供电后恢复，重新开启 GCC 计算机电源开启主机。开机后输入用户名和密码登录进入 Windows 系统，最后登录进入图形中心软件。

如果 GCC 死机，则需按下计算机的 Reset 键使计算机重启。开机后输入用户名和密码登录进入 Windows 系统，最后登录进入图形中心软件。

2. 图形软件退出

（1）现象：计算机界面上无软件运行图标。

（2）处理方法：在 GCC 计算机的桌面上，用鼠标单击图标启动软件。进入到软件后，正确输入用户名和密码后就可正常使用该软件。

3. 设备状态连接失败

（1）现象：如果图页上的所有设备均显示灰色，表示 GCC 计算机与控制盘之间的通讯中断。

（2）处理方法：检查连接 GCC 计算机的网线是否松脱，若是网线连接松脱，对网线进行紧固。

4. 显示器无显示

（1）现象：显示器无显示或者黑屏。

（2）处理方法：首先确认显示器电源是否开启，再按动键盘上的任意键确定计算机是否能进入节能模式或屏幕保护模式。若是，开启电源或者对显示模式重新进行设置。

三、火灾探测器

在系统运行中火灾探测器经常出现的异常情况是报警以及故障，由于设备运行环境以及运行时间的影响，在设备运行环境比较恶劣的地方，故障率以及误报警率会比较高，需要检修人员对该情况进行处理，以使系统尽早恢复正常运行。

1. 烟感报警

（1）现象：控制盘发出报警蜂鸣声，报警红灯闪亮，液晶面板显示火灾报警信息，报警信息包括烟感地址的描述、烟感地址码，GCC 对应的烟感图显示红色，并有相应的报警记录和报警地址。

（2）处理方法：在图形中心进行查询，现场值班人员根据设备平面图以及烟感地址描述赶赴现场进行确认。若是误报警，将信息反馈给维修人员，维修人员在现场对设备的情况进行观察，若确认是误报警，在控制盘或图形中心尝试对报警设备进行复位。若是复位不成功，根据烟感的安装环境以及使用时间初步判断是否烟感由于环境条件不符合要求或者使用时间过长导致内部元件故障误报火警，若是，对故障烟感进行更换。

2. 烟感故障

（1）现象：控制盘发出报警蜂鸣声，故障指示灯闪亮，液晶面板显示故障信息，故障信息包括烟感地址的描述、烟感地址码，GCC 对应的烟感图显示黄色，并有相应的报警记录和报警地址。

（2）处理方法：在图形中心进行查询，现场值班人员根据设备平面图以及烟感地址描述赶赴现场进行确认。维修人员根据烟感的安装环境以及使用时间初步判断是否烟感由于环境条件不符合要求或者使用时间过长导致内部元件故障误报火警，若是，对故障烟感进行更换。

若因现场环境恶劣达不到设备使用要求，要求相关专业人员对环境条件进行调整，从而使设备运行环境满足要求。

四、手动/破玻报警器

1. 手动/破玻报警器报警

（1）现象：控制盘发出报警蜂鸣声，报警红灯闪亮，液晶面板显示火灾报警信息，报警信息包括设备地址的描述、设备地址码，GCC对应的设备图显示红色，并有相应的报警记录和报警地址。

（2）处理方法：在图形中心进行查询，现场值班人员根据设备平面图以及设备的地址描述赶赴现场进行确认。若是误报警将信息反馈给维修人员，维修人员在现场对设备的情况进行判断，若确认是误报警，或者设备被人为误操作，或破玻报警器的玻璃自然破裂，对设备进行复位或破玻报警器玻璃。

2. 手动/破玻报警器故障

（1）现象：控制盘发出报警蜂鸣声，故障指示灯闪亮，液晶面板显示故障信息，故障信息包括故障设备地址的描述、设备地址码，GCC对应的设备图显示黄色，并有相应的故障记录和报警地址。

（2）处理方法：在图形中心进行查询，现场值班人员根据设备平面图以及设备的地址描述赶赴现场进行确认。若现场检查设备线路及通信均无问题，更换故障设备。

五、输入/输出模块

1. 设备误操作

（1）现象：控制盘发出报警蜂鸣声，反馈指示灯闪亮，液晶面板显示设备信息，报警信息包括设备地址的描述、设备地址码，GCC对应的设备图显示红色，并有相应的记录和报警地址。

（2）处理方法：在图形中心进行查询，现场值班人员根据设备平面图以及设备的地址描述赶赴现场进行确认。若是接口设备误动作，将信息反馈给接口专业检修人员，待接口设备修复后，对控制盘进行复位操作。

2. 接口设备故障

（1）现象：控制盘发出报警蜂鸣声，反馈指示灯闪亮，液晶面板显示设备信息，故障信息包括设备地址的描述、设备地址码,GCC对应的设备图显示黄色,并有相应的记录和报警地址。

(2)处理方法:在图形中心进行查询,现场值班人员根据设备平面图以及设备的地址描述赶赴现场进行确认。若是接口设备处于故障状态,将信息反馈给接口专业检修人员,待接口设备修复后,对控制盘进行复位操作。

3. **模块故障**

(1)现象:控制盘发出报警蜂鸣声,反馈指示灯闪亮,液晶面板显示设备信息,故障信息包括设备地址的描述、设备地址码,GCC对应的设备图显示黄色,并有相应的记录和报警地址。

(2)处理方法:在图形中心进行查询,现场值班人员根据设备平面图以及设备的地址描述赶赴现场进行确认。若是接口设备处于正常状态,测试模块的监视线路及电源线路。若确认正常,对故障模块进行更换。

附录一 火灾自动报警系统检修岗位考核大纲

火灾自动报警系统检修岗位考核大纲

序号	分类	编号	考核内容	掌握程度	考核形式
1	基础知识篇	1.1	城市火灾自动报警系统概述	了解	笔试
		1.2	城市轨道交通火灾自动报警系统主要技术标准（火灾自动报警系统图例需掌握）	部分掌握	笔试
		1.3	城市轨道交通火灾自动报警系统功能及实现	熟悉	笔试
		1.4	国城市轨道火灾自动报警技术的发展趋势	了解	笔试
		2.1	燃烧基础知识	掌握	笔试
		2.2	火灾基础知识	掌握	笔试
		3.1	火灾自动报警系统组成	熟悉	笔试
		3.2	火灾自动报警系统分类	熟悉	笔试
		3.3	火灾探测器技术性能	熟悉	笔试
		3.4	感烟探测器工作原理	了解	笔试
		3.5	感温探测器工作原理	了解	笔试
		3.6	火灾探测器的选择	了解	笔试
		3.7	火灾自动报警系统及气体灭火系统相关计算（火灾自动报警系统相关计算需掌握）	部分掌握	笔试
		3.8	火灾自动报警系统的施工、调试、验收	掌握	笔试
		4.1	电气火灾监控系统	熟悉	笔试
		4.2	可燃气体探测器	熟悉	笔试
		4.3	吸气式烟雾探测火灾自动报警系统	熟悉	笔试
		4.4	智能疏散系统	熟悉	笔试
		4.5	线型感温火灾探测器	熟悉	笔试
		5.1	消防联动技术一般性要求	熟悉	笔试
		5.2	消防联动技术地铁设计要求	熟悉	笔试
		5.3	火灾自动报警系统与车站设备接口	熟悉	笔试
		6.1	气体灭火系统灭火机理	熟悉	笔试
		6.2	气体灭火系统分类和组成	熟悉	笔试
		6.3	气体灭火系统适用范围	熟悉	笔试
		6.4	气体灭火系统设置要求	熟悉	笔试
		6.5	气体灭火系统部件及组件	熟悉	笔试

续上表

序号	分类	编号	考核内容	掌握程度	考核形式
2	实务篇	7.1	火灾自动报警系统运行管理的任务和内容	熟悉	笔试
		7.2	运行管理组织及有关人员的职责	熟悉	笔试
		7.3	运行管理的有关规章制度	熟悉	笔试
		8.1	消防系统维护原则	熟悉	笔试
		8.2	消防系统维护要求	熟悉	笔试
		8.3	火灾自动报警系统维护及保养流程	熟悉	实操
		8.4	火灾自动报警系统维护作业	熟悉	实操
		9.1	常见故障及处理方法	熟悉	实操
		9.2	火灾自动报警系统重大故障	了解	笔试
		9.3	火灾自动报警系统误报的原因	了解	笔试
		9.4	典型故障案例分析	了解	实操
		10.1	实操平台功能	了解	笔试
		10.2	实操平台设备构成	了解	笔试
		10.3	实操平台设计方案	了解	笔试
		10.4	实操平台设备清单	了解	笔试
		11.1	火灾自动报警系统常用维修工具	熟悉	实操
		11.2	火灾自动报警系统常用仪器仪表	熟悉	实操
		11.3	火灾自动报警系统专用维修工具	熟悉	实操

附录二 火灾探测器的具体设置部位

火灾探测器可设置在下列部位：
(1)财贸金融楼的办公室、营业厅、票证库。
(2)电信楼、邮政楼的机房和办公室。
(3)商业楼、商住楼的营业厅、展览楼的展览厅和办公室。
(4)旅馆的客房和公共活动用房。
(5)电力调度楼、防灾指挥调度楼等的微波机房、计算机房、控制机房、动力机房和办公室。
(6)广播电视楼的演播室、播音室、录音室、办公室、节目播出技术用房、道具布景房。
(7)图书馆的书库、阅览室、办公室。
(8)档案楼的档案库、阅览室、办公室。
(9)办公楼的办公室、会议室、档案室。
(10)医院病房楼的病房、办公室、医疗设备室、病历档案室、药品库。
(11)科研楼的办公室、资料室、贵重设备室、可燃物较多的和火灾危险性较大的实验室。
(12)教学楼的电化教室、理化演示和实验室、贵重设备和仪器室。
(13)公寓(宿舍、住宅)的卧房、书房、起居室(前厅)、厨房。
(14)甲、乙类生产厂房及其控制室。
(15)甲、乙、丙类物品库房。
(16)设在地下室的丙、丁类生产车间和物品库房。
(17)堆场、堆垛、油罐等。
(18)地下铁道的地铁站厅、行人通道和设备间,列车车厢。
(19)体育馆、影剧院、会堂、礼堂的舞台、化妆室、道具室、放映室、观众厅、休息厅及其附设的一切娱乐场所。
(20)陈列室、展览室、营业厅、商业餐厅、观众厅等公共活动用房。
(21)消防电梯、防烟楼梯的前室及合用前室、走道、门厅、楼梯间。
(22)可燃物品库房、空调机房、配电室(间)、变压器室、自备发电机房、电梯机房。
(23)净高超过 2.6m 且可燃物较多的夹层。
(24)敷设具有可延燃绝缘层和外护层电缆的电缆竖井、电缆夹层、电缆隧道、电缆配线桥架。
(25)贵重设备间和火灾危险性较大的房间。
(26)电子计算机的主机房、控制室、纸库、光或磁记录材料库。经常有人停留或可燃物较多的地下室。

（27）歌舞娱乐场所中经常有人滞留的房间和可燃物较多的房间。

（28）高层汽车库、Ⅰ类汽车库、Ⅰ类地下汽车库、机械立体汽车库、复式汽车库、采用升降梯作汽车疏散出口的汽车库（敞开车库可不设）。

（29）污衣道前室、垃圾道前室、净高超过 0.8m 的具有可燃物的闷顶、商业用或公共厨房。

（30）以可燃气为燃料的商业和企、事业单位的公共厨房及燃气表房。

（31）其他经常有人停留的场所、可燃物较多的场所或燃烧后产生重大污染的场所。

（32）需要设置火灾探测器的其他场所。

附录三　城市轨道交通火灾自动报警系统主要技术标准

目前国内火灾自动报警系统相关的主要技术标准有：
《建筑设计防火规范》（GB 50016—2014）
《火灾自动报警系统设计规范》（GB 50116—2013）
《火灾自动报警系统施工及验收规范》（GB 50166—2007）
《地铁设计规范》（GB 50157—2013）
《消防电子产品检验规则》（GB 12978—2003）
《线型感温火灾探测器》（GB 16289—2005）
《电气火灾监控系统》（GB 14287—2005）
《火灾报警控制器》（GB 4717—2005）
《点型感温火灾探测器》（GB 4716—2005）
《点型感烟火灾探测器》（GB 4715—2005）
《手动火灾报警按钮》（GB 19880—2005）
《线型光束感烟火灾探测器》（GB 14003—2005）
《惰性气体灭火剂》（GB 20128—2006）
《火灾报警设备专业术语》（GB 4718—2006）
《独立式感烟火灾探测报警器》（GB 20517—2006）
《消防联动控制系统》（GB 16806—2006）
《线型光纤感温火灾探测器》（GB/T 21197—2007）
《可燃气体报警控制器》（GB 16808—2008）
《火灾自动报警系统组件兼容性要求》（GB 22134—2008）
《线型光纤感温火灾探测器》（GB/T 21197—2007）
《消防电子产品防护要求》（GB 23757—2009）
《火灾自动报警系统性能评价》（GB/Z 24978—2010）
《点型感烟/感温火灾探测器性能评价》（GB/Z 24979—2010）
《消防应急照明和疏散指示系统》（GB 17945—2010）
《建筑消防设施的维护管理》（GB 25201—2010）
《消防控制室通用技术要求》（GB 25506—2010）
《气体灭火系统及部件》（GB 25972—2010）
《火灾显示盘》（GB 17429—2011）

《电气火灾模拟试验技术规程》(GB/T 27903—2011)。
《气体灭火系统施工及验收规范》(GB 25263—2007)
《气体灭火系统设计规范》(GB 50370—2006)
《电气火灾模拟试验技术规程》(GB/T 27903—2011)
《火灾探测器产品型号编制方法》(GA/T 227—1999)
《火灾报警设备图形符号》(GA/T 229—1999)
《消防控制室图形显示装置软件通用技术要求》(GA887—2009)

附录四 火灾自动报警系统图例

序号	图形和文字符号	名　　称
1		火灾报警控制器，一般符号
2	A	火灾报警控制器（不具有联动控制功能）
3	AL	火灾报警控制器（联动型）
4	C	集中（型）火灾报警控制器
5	Z	区域（型）火灾报警控制器
6	S	可燃气体报警控制器
7	H	家用火灾报警控制器
8	XD	接线端子箱
9	RS	防火卷帘控制器
10	RD	电磁释放器
11		门磁开关
12	EC	电动闭门器
13	I/O	输入/输出模块
14	I	输入模块
15	O	输出模块
16	M	模块箱
17	SI	总线短路隔离器
18	D	区域显示器（火灾显示盘）
19		手动火灾报警按钮
20		消火栓按钮
21		消防电话插孔
22		带消防电话插孔的手动火灾报警按钮
23		水流指示器

续上表

序号	图形和文字符号	名 称
24	P	压力开关
25	F	流量开关
26		点型感烟火灾探测器
27		点型感温火灾探测器
28		家用点型感烟火灾探测器
29		可燃气体探测器
30		点型红外火焰探测器
31		图像型火灾探测器
32		独立式感烟火灾探测报警器
33		独立式感温火灾探测报警器
34	I_Δ	剩余电流式电气火灾监控探测器
35	T	测温式电气火灾监控探测器
36	I_Δ T	剩余电流及测温式电气火灾监控探测器
37	AFD	具有探测故障电弧功能的电气火灾监控探测器（故障电弧探测器）
38	I_Δ T	独立式电气火灾监控探测器（剩余电流及测温式）
39	I_Δ	独立式电气火灾监控探测器（剩余电流式）
40	T	独立式电气火灾监控探测器（测温式）
41		线型感温火灾探测器
42		火灾光警报器
43		火灾声光警报器
44		扬声器，一般符号
45		消防电话分机
46	E	安全出口指示灯
47	← → ←	疏散方向指示灯
48		自带电源的应急照明灯
49	L	液位传感器

续上表

序号	图形和文字符号	名称
50	⋈	信号阀（带监视信号的检修阀）
51	Ⓜ⋈	电磁阀
52	Ⓜ⋈	电动阀
53	⊖ 70℃	常开防火阀（70℃熔断关闭）
54	⊖ 280℃	常开排烟防火阀（280℃熔断关闭）
55	⌽ 280℃	常闭排烟防火阀（电控开启，280℃熔断关闭）
56	—S— / —S—	通信线（包括S1～S5）
57	—S1— / —S1—	报警信号总线
58	—S2— / —S2—	联动信号总线
59	—D— / —D—	50V以下的电源线路
60	—F— / —F—	消防电话线路
61	—BC— / —BC—	广播线路或音频线路
62	—C— / —C—	直接控制线路

参 考 文 献

[1] 郑瑞文,刘振东. 消防安全技术[M]. 北京:化学工业出版社,2011.
[2] 陈伟明,杨建明. 消防安全技术实务[M]. 北京:机械工业出版社,2014.
[3] 中华人民共和国国家标准. GB 50116—2013. 火灾自动报警系统设计规范[S]. 北京:中国计划出版社,2013.
[4] 中华人民共和国国家标准. GB 50370—2005 气体灭火系统设计规范[S]. 北京:中国计划出版社,2005.
[5] 中华人民共和国国家标准. GB 25201—2010 建筑消防设施的维护管理[S]. 北京:中国标准出版社,2010.
[6] 中华人民共和国国家标准. GA 767—2008 消防控制室通用技术要求[S]. 北京:中国计划出版社,2008.
[7] 中华人民共和国国家标准. GB 50016—2006 建筑设计防火规范[S]. 北京:中国计划出版社,2006.

图1-1 韩国大邱地铁火灾现场图

图1-4 某消防产品气瓶防爆探测技术实物图

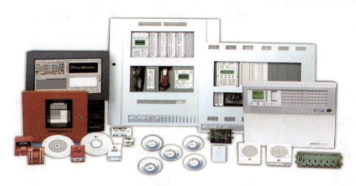

图3-4 火灾报警装置

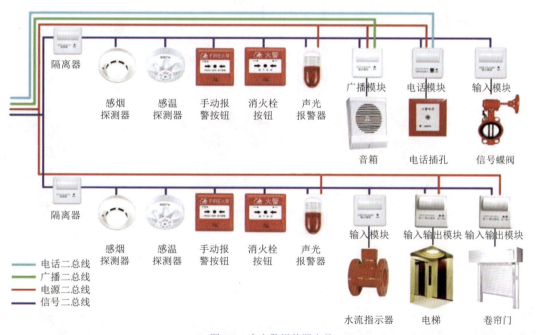

图3-5 火灾警报装置产品

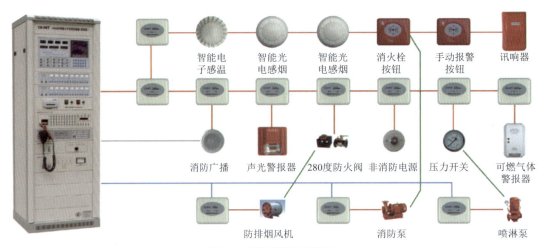

图 3-6　消防控制设备产品

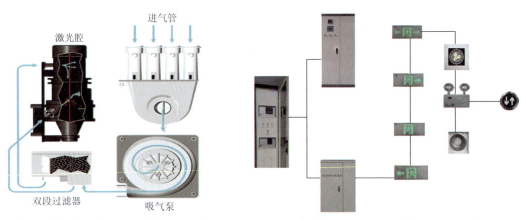

图 4-12　吸气式烟雾探测器的工作原理图　　　　图 4-17　智能疏散指示系统工作原理

图 6-5　喷嘴　　　　　　　　　　　　　图 6-7　逆止阀

图 6-8　集流管结构总图　　　　　　　　图 6-9　安全泄放装置结构总图

图 6-10 低泄高阻阀

图 6-11 压力开关总图

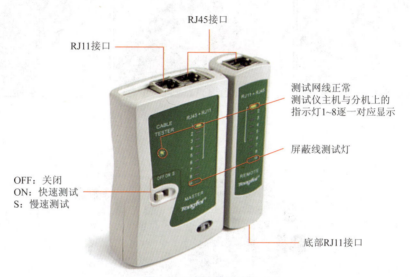

图 9-5 网络电缆测试仪

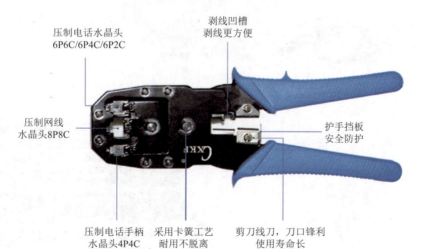

图 9-6 网线钳

1.将线头放入专用剪口处,稍微用力一剪

2.取出线头,线背剥开,理清线序

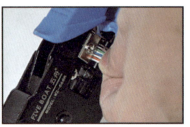
3.将网线剪齐

4.将网线插入水晶头,并且检查网线

5.将水晶头放入相应钳口,用手

6.压制水晶头完成

图 9-7　网线钳使用步骤

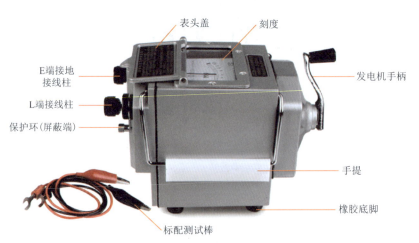

图 9-8　兆欧表

图 9-10　蓄电池内阻测试仪

图 9-11　烟/温感测试仪